# 中学校教師
## として生きる

仕事・心構えとその魅力

中瀬 浩一
大橋 忠司

樹村房

# はじめに

　中学校の教員免許状を取得する人は年間約50,000人います（平成27年度は50,798人，文部科学省「平成27年度教員免許状授与件数等調査結果について」）。教職を志望する学生は大学の教職課程で，教師という職業にはどのような仕事内容があり，どのような法規を守るべきか等について学びます。これはどの教科の免許状を取得するにあたっても必須となっており，主に1年次に「教職概論」「教職入門」等という名称で開講されています。これらの科目は，教職を将来の仕事として選択するのか，このまま教職課程を受講し続けるのかという職業選択に資することも目標の一つに掲げられています。高校生活から大学に入学した直後の学生にとって，将来の職業に対するイメージが持ちにくいといわれるとともに，昨今の教職への偏ったイメージを払拭し，リアリティある将来の教師像を描いていくためにも重要な科目となっています。

　将来の職業の一つとして教職を選択した学生は，その後，教職に関する専門科目の履修を行います。教育実習や教員採用試験を経て，合格通知を手にした学生は，卒業間際になると，間近に迫った教員生活への不安が増加してきます。この時期（4年次後期）に開講される教職必修科目「教職実践演習」は，教員生活を具体的に想定した実践的な内容を行う科目ですが，教員の生活そのものについての学びは先にあげた1年次の「教職概論」以降ほとんど触れられておらず，改めての学びが必要となります。

　本書は，そのような学生の不安を解消するための「副読本」的な役割を果たすものと考えています。一人の新任中学校教師が教員生活で遭遇するであろう出来事や悩みを物語風に書き綴りました。それらの出来事や悩みに対して，定年退職を控えたベテラン教員がアドバイスするという形式でまとめています。資料はできるだけ現場の学校で使用しているものをもとにして作成しました。読者にとっては，主人公とともに新任当初の中学校教員の職務や心構えなどを学ぶことができるようにしています。

　本書の著者は，ともに公立中学校での職務経験のある大学の教職課程に所属する教員です。中瀬が物語のベースを執筆し，大橋が内容のチェックと関連資

料の収集を行いました。掲載項目は2人で協議して選定しました。中瀬は中学校と特別支援学校で教員として働いていました。大橋は一般大学（理学部）を卒業，民間企業に就職後，教員採用試験を受験し転職しました。中学校教諭，教頭，校長をし，教育委員会でいじめ・不登校等課題を抱える子どもたちの対策部署の責任者を担当し，定年退職後，同志社大学に着任しています。その経験は，教職に対する不安を抱く若手教員や大学生に対して有益なストーリーを提供してくれます。

　教職課程の「教職概論」や「教職実践演習」等の授業での副読本としてだけでなく，教員採用試験の対策や，教育学系大学院・教職系大学院への進学希望者の学習参考書として，また，採用後5年程度未満の若手教員にとっても，将来の教師人生を見通す書としての役割を果たすと自負しています。

　最後になりましたが，本書に出版に際して，樹村房の大塚栄一氏には構想段階からいろいろご助言や多くの励ましをいただき，お世話になりました。この紙面を借りて感謝申し上げます。


　2019年3月

中瀬　浩一

# も　く　じ

はじめに ……………………………………………………………3


0．プロローグ ……………………………………………………7
1．教員採用試験に合格！ ………………………………………9
2．学校が決まった！ ……………………………………………11
3．教師生活スタート！　辞令交付式 ………………………13
4．明日は入学式 …………………………………………………18
5．学級開き ………………………………………………………22
6．もうすぐ授業が始まる！ ……………………………………26
7．授業以外にもこんな仕事がある（教育課程）……………29
8．初任者研修 ……………………………………………………34
9．家庭訪問 ………………………………………………………38
10．部活動 …………………………………………………………44
11．中学生という発達課題 ………………………………………49
12．学年会と教科会 ………………………………………………51
13．生徒会活動 ……………………………………………………53
14．道徳 ……………………………………………………………57
15．キャリア教育 …………………………………………………61
16．不登校 …………………………………………………………65
17．指導要録 ………………………………………………………71
18．教員評価 ………………………………………………………76
19．ケース会議 ……………………………………………………79
20．いじめ …………………………………………………………83


おわりに ……………………………………………………………89


参考文献 …………………………………………………………93
資料 ………………………………………………………………95
さくいん …………………………………………………………113

# 0.　プロローグ

　教師生活を終える私から教師になろうと思っている君に。
　もうすぐ私の30数年にわたる教師生活が終わります。
　私は教師になりたいと思い採用試験を受けたけれど不合格となり，大学卒業後は金融機関に就職をしました。その後，やはり教師をあきらめきれず，再度受験し，合格できました。あれから私は中学生の子どもたちとともに過ごしてきました。
　今，教師という仕事について，いろいろ言われています。指摘されている通りと思うこともあったり，「そうじゃない」と思うこともあったり……さまざまな思いが巡ります。ただ言えるのは，子どもが好きで教師をめざし，子どもたちに寄り添いたいと思っている若者にとって，昨今の学校現場はあまりにも複雑になってしまい，自分の人生をかけていくには大きな不安を抱えている人が少なからずいるということです。その不安の中で学校に赴き，子どもたちや保護者，同僚の教師たちと向き合っていくのは，確かに大変なことだと思います。
　そこで，若い教師がどのような仕事に直面し，どのようなことに気をつけていけばいいかについて，私がこれまでの教師生活で得てきたものを伝えていくことが，今の私に課せられた役割と思うようになりました。架空の新任教師井上先生を主人公にして，私がアドバイスをするという形式で，これから教師生活をスタートさせよう，教師になろうと思っている人たちをバックアップしていきます。
　教師は，一言では言い表せないほどの仕事がありますが，その一端だけでも理解していただくことができれば幸いです。

**本書の登場人物紹介**

大中先生
定年を控えたベテラン中学校教師。
新任教師の井上先生に中学校教師として成長していくためのさまざまなアドバイスをします。

僕(井上先生)
新任教師。中学校1年2組担任。
教科は社会。陸上部顧問。

1年1組担任(田中先生)
1年3組担任・学年主任(児玉先生)
1年4組担任(奥野先生)
教務主任(沖田先生)

| 1. | 教員採用試験に合格！ |
|---|---|

　9月下旬，井上さんのもとに教員採用試験の合格の知らせが届きました。最近は郵便による通知より前に，教育委員会のホームページで合格者の受験番号が掲載されるようになり，私の頃とはずいぶん様子が変わりました。

　ところで，合格通知を今一度見てください。大学であれば「合格通知」は入学手続きが済めばその大学に必ず入学できることが保証されています。しかし，教員採用試験はちょっと違います。「採用予定者名簿登載」といった用語が記載されているはずです。「合格」＝「採用決定」というわけでないのです。

　これについては少し説明が必要ですね。一般に教員として採用される流れは資料1のようになっています。毎年夏頃に教員採用試験が行われ，一次試験，二次試験（自治体によっては三次試験）を経て，秋には合格者が発表されます。合格者は採用予定者としてその候補の名簿に登載されます。その後，自治体では年度末の退職者数や学級の増減などの集約を行い，最終的に採用に必要な人数が明らかになります。その結果，必要となった教員の人数（学校種や教科別など）によって，採用予定者登載名簿から順次採用を行う，という仕組みになっています。

　最近は教員採用試験での募集時に次年度に必要となってくる教員数をかなり正確に算出することができるようになり，名簿登載者はほぼ全員採用されることが多いですが，過去には見込み数の違いが生じて，合格したのにもかかわらず，結局採用に至らなかったというきわめて残念な事態も発生していました。その場合，翌年度に改めて教員採用試験を受けることになりました（一次試験などが免除される場合が多かった）が，しかし，制度上は現在も「合格」＝「採用決定」というわけでないのです。

**資料 1　教員採用試験から採用までの流れ**（公立学校の場合）

| | |
|---|---|
| 3 月下旬〜 5 月下旬 | 募集要項の入手 |
| 4 月上旬〜 6 月下旬 | 出願書類の提出 |
| 7 月上旬〜 7 月下旬 | 一次試験 |
| 7 月下旬〜 9 月上旬 | 一次試験合格発表 |
| 8 月上旬〜 9 月下旬 | 二次試験 |
| 9 月中旬〜10月下旬 | 二次試験合格発表。名簿登載 |
| 9 月下旬〜 3 月上旬 | 採用前研修 |
| 1 月下旬〜 3 月下旬 | 採用決定→赴任校決定 |
| 4 月 1 日 | 辞令交付式 |

※日程はおおよその目安です。
※自治体によっては三次試験まで実施する場合があります。
※採用前研修の実施時期・回数・対象者は自治体によって異なります。
※辞令交付式の期日は年度や自治体によって異なる場合があります。

| 2. | 学校が決まった！ |

「もしもし，井上さんですか？　今出川中学校の教頭をしている佐藤と言います。教育委員会より今出川中学校に内示が出ましたので，ご連絡しました。つきましては，4月の辞令交付式の前に一度本校に来ていただき，学校の紹介をさせていただくとともに井上さんの希望を伺うことができればと思います。よろしいでしょうか？……」。

　3月下旬，赴任が決まった中学校の教頭先生から自宅宛に電話があった。そういえば先に教員になっていた友人から「3月の下旬に学校が決まったという連絡があるから，必ず連絡がとれる状態にしておく方がいい」と言われていた。僕は3月○日に学校に挨拶に行くことになった。

　[大中先生からのアドバイス]　辞令交付式の前に赴任する学校に挨拶に行く場合のアドバイスです。学校に行ったら，校長先生や教頭先生などから，学校に関する説明があります。担当学年や教科，校務分掌や部活動に関する希望を聞かれることがあります。3月下旬から4月初めにかけて，学校は人事異動と新年度の学校内の体制作りの会議などが連日行われています。クラス編成や時間割の作成，特別教室の使用配当や新入生を迎える諸準備も平行して行われるなど，実は一年間でいちばん忙しい時期なのです。

　新採用の教員だけでなく，他校から転勤してきた先生の担当学年や教科，校務分掌も一緒に検討しますから，希望を聞かれたといっても必ずしも希望どおりになるとは限りません。しかし，4月になる前に赴任する学校に行くことは，校内の雰囲気や学校近辺の環境に触れるよい機会となります。

　学校の状況や規模によっては副担任になることや複数の学年に渡って教科を担当することもあります。それらの可能性についての話もあるかもしれませんね。資料2は校務分掌の例です。校務分掌は学校によって多少の違いがありますが，どのような組織があるか今一度確認しておきましょう。挨拶に行くのですから，服装はスーツ等，それにふさわしいものがよいと思います。さあ，いよいよ教師生活のスタートが目前に迫ってきました。

*11*

**資料2　校務分掌一覧表の例**

○○年度　**校務分掌表**

○○年4月9日　○○市立△△中学校

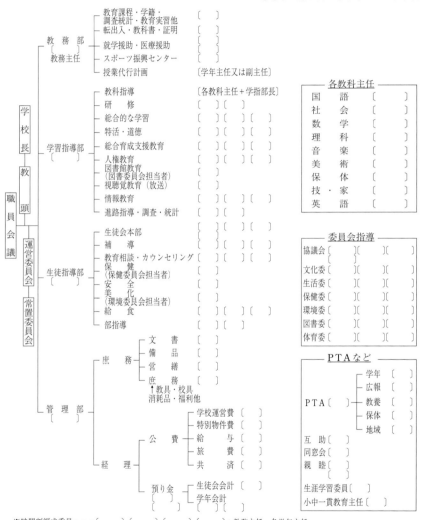

※時間割編成委員・・・〔　　　〕〔　　　〕〔　　　〕+教務主任，各学年主任
※学年分掌・・・・就学援助，情報進路調査統計（　　　），教育相談・カウンセリング，給食・学年会計〔各1名〕
　　　　　　　　親睦会幹事（2名），文化祭委員会，体育祭委員会，性教育委員会〔各1名〕は各学年から選出する
※学年主任・・・1年　　　2年　　　3年

## 3. 教師生活スタート！ 辞令交付式

　　　4月1日午前10時，文化センターのホールで辞令交付式があった。幼稚園，小学校，中学校，高等学校，特別支援学校の教員として採用された数百名の新任教員が集まった。教育長から辞令をもらい，これでいよいよ教師になったという気持ちが込み上がってきた。終了後，赴任する学校に向かった。3月下旬に挨拶に行っているので場所も行き方もスムーズだ。

　　学校に到着後，僕のような新任教員と他の学校から転勤してこられた教員は会議室に集められ，原田校長先生，佐藤教頭先生の挨拶の他，会議の予定についての説明を受けた。配られた用紙には担任氏名と校務分掌表が載っていた。僕は1年2組の欄に名前が書かれている。1年は4クラスあり1組は田中先生，3組児玉先生，4組奥野先生と書かれている。3組の児玉先生の名前の前に〇印がついていて学年主任とのことらしい。校務分掌表には，学習指導部の欄に僕の名前がある。管理職からの説明が終わると，事務手続きについての説明となった。給与の振込口座や通勤経路についての申請など，さまざまや提出書類についての説明を受けた。

　　その後はめまぐるしい程のスケジュールだ。午後2時から学年会，午後4時から教科会，と会議が連続して開かれた。初めての環境で，次々に理解不能な話を聞き，やれどこへ行って会議だ，次はここだと言われ，その上，会議の内容はよくわからないし，初めて会う先生ばかりで緊張するし，一日が終わる頃にはどっと疲れてしまった。

　　［大中先生からのアドバイス］ 4月1日は新任の先生にとって，これまでの人生で経験したことのないくらいの緊張と慌ただしさの中で一日を過ごすことになる日です。厳かな辞令交付式とは一転，赴任した学校での各種説明と会議は，かなり疲れることでしょう。資料3〜6は，4月初めのスケジュールの例です。始業式や入学式までのわずかな期間でさまざまな会議や準備が行われます。だいたいの流れを知っておくと気持ちに余裕が持てると思います。

**資料3　4月初めの学校の動き**（会議・式典準備など）

| 期　日 | 会議名 | 開始時間 | 場所 |
|---|---|---|---|
| 4月1日（月） | 職員会議(第1回) | 9：00〜 | 会議室 |
| | 学年会(第1回) | 14：00〜 | 1年（会議室） |
| | | | 2年（図書室） |
| | | | 3年（多目的ルーム） |
| | 教科会 | 16：00〜 | 各教室 |
| 4月2日（火） | 研修会 | 9：00〜 | 多目的ルーム |
| | 職員会議(第2回) | 10：00〜 | 多目的ルーム |
| | 職員室移動 | 11：30〜 | 職員室 |
| | 学年会(第2回) | 14：30〜 | （前日に同じ） |
| 4月3日（水） | 分掌部会 | | |
| | ・庶務 | 9：30〜 | （　　　　） |
| | ・教務 | 9：30〜 | （　　　　） |
| | ・生指部 | 10：30〜 | （　　　　） |
| | ・学習指導 | 13：30〜 | （　　　　） |
| | ・人権教育 | 14：30〜 | （　　　　） |
| | 学年会(第3回) | 15：00〜 | （前日に同じ） |
| 4月4日（木） | 学年会(第4回) | 9：00〜 | （前日に同じ） |

### 3. 教師生活スタート！ 辞令交付式

**資料4　○○年度　3月末～4月初の予定**

○○市立△△中学校

| 月 | 日 | 曜 | 授業その他の予定 ① | ② | ③ | ④ | 昼 | ⑤ | ⑥ | 放課後 | 備考 |
|---|---|---|---|---|---|---|---|---|---|---|---|
| 3 | 23 | 木 | 1．2年要録締切 | | | | | | | | |
| | 24 | 金 | | | | | | | | | |
| | 25 | 土 | | | | | | | | | |
| | 26 | 日 | | | | | | | | | |
| | 27 | 月 | | 辞令交付（HP）12：00 | | | | | | | |
| | 28 | 火 | | | | | | | | | |
| | 29 | 水 | | 新転任教職員出校日 8：30～ | 事務引継①13：00～ | | | | | | |
| | 30 | 木 | | | 計画委員会①13：00～ | | | | | | |
| | 31 | 金 | 着任式・離任式（教職員8：45～ 生徒等9：30～）部活動は式終了後 | | | | | | | | |
| 4 | 1 | 土 | | | | | | | | | |
| | 2 | 日 | | | | | | | | | |
| | 3 | 月 | 新採用教職員辞令 出校日／職員朝礼 8：25／着任式・始業式（9：00～9：30） | 職員会議①9：00～／職員室座席移動 11：30～ | 研修会（生徒理解）2、3年 | 教科書16：00～ | 学年会①14：00～ | 終日部活動なし | | | |
| | 4 | 火 | | | | | | | | | |
| | 5 | 水 | 分掌部会 庶務9：30～ | 教務9：30～ | 生指・生徒会10：00～ | 育成担当者会11：00～ | 入権教育14：00～ | 学年会③15：00～／副読本搬入及び回収 | | 部活可 | |
| | 6 | 木 | | | | | | 新1年生 入学前登校 13：50クラス発表 14：00各教室へ 14：20体育館リハーサル 16：00学年会 | | | |
| | 7 | 金 | 机・椅子移動（9：40～10：00）大そうじ（10：10～10：40）3年は1年の教室整備 | 入学式10：00～ 新入生は式後、写真撮影 | 学活【学級びらき】（10：50～11：20）※雨天順延 | 2年入学式準備（11：25～12：15） | 生徒完全下校（12：20）／2年後片付け 3年下校／2年下校 | 1年写真 学活【学級びらき】 | 部活動なし | 部活動なし | 12：30～ 教職員写真 卒業式体育館 |
| | 8 | 土 | | | | | | | | | |
| | 9 | 日 | 1年：学活　2年：学活＋写真　3年：学力テスト | 学活 | 学活／集会 | 短学活（20分）（2・3年は＋部集会） | | | | | |
| | 10 | 月 | 集会 | 授業（学年で） | 集会 | 集会 | 生徒下校（部活動の生徒は15：30再登校） | 授業（学年で） | | 14：00研修会（生徒理解：1年） | 卒前登校開始 |
| | 11 | 火 | 1年：身体計測　2年：授業（学年で） | 身体計測 | 身体計測 | 集会 | 給食開始 昼食（12：20） | 授業（学年で） | | 15：00学年会 | 給食費開始 |
| | 12 | 水 | 1年：新生徒歓迎会&生徒会オリエンテーション　2年：聴力検査　3年：身体計測 | 平常授業 | 平常授業 | 平常授業 | 昼食時 キャプテン会議 | 平常授業 | 平常授業 | 職員会議・学級旗 | 夏季用標準服申込14、17日 |
| | 13 | 木 | 平常授業 | 平常授業 | 平常授業 | 木4（1年体育オリエン） | | 平常授業 | 平常授業 | 学（部活動紹介・身体測定） | 卒業式練習開始 |
| | 14 | 金 | 平常授業 | 平常授業 | 平常授業 | 金4 | | 平常授業 | 平常授業 | 学（学級役員選挙・学級旗等）／15：00学年会 | |

**資料5　第1回職員会議（4月1日）の流れ**

職員会議①　9：00〜　　司会：（　　　　　）記録（　　　　　）

1．学校長より
　　①あいさつと新転任教職員の紹介・教職員自己紹介
　　②学校教育目標について
　　③主任委嘱について　　　　　　　④学年配当（担任・副担任）について
　　⑤校務分掌について　　　　　　　⑥各種委員会・部会表について
　　⑦部活動顧問について　　　　　　⑧学級編成表

2．教務より
　　①本日と当面の予定について　　　②教育課程について
　　③4月当初の行事予定について　　④4月行事予定について
　　⑤入学前登校及び入学式，始業式，着任式について
　　⑥時間割内の会議について優先順位の確認
　　⑦日直当番について
　　⑧校舎配置図について　　　　　　⑨I職配置図
　　⑩学年会，教科会の内容について　⑪年間行事予定について
　　⑫使用副読本について　　　　　　⑬提出書類について
　　⑭その他

3．学習指導より
　　①4月当初の学級活動予定について　②「主体的・対話的な授業」について
　　③テスト受験上の注意について　　④パソコンの使用について
　　⑤学校給食実施についてのお願い　⑥朝読書について
　　⑦終学活のシナリオ　　　　　　　⑧総合的な学習の時間について
　　⑨英語検定について　　　　　　　⑩教科年間計画
　　⑪職業体験について

4．人権教育部より
　　①今年度の人権関係の予定について

5．生徒指導部より
　　①年度当初の生徒指導の確認事項　②生徒指導の手引
　　③4月当初の生徒会行事について　④当面の部活動関係の予定

6．庶務部より
　　①教室配置，生徒用机・椅子について　②学校預かり金について
　　③職員室移動及び大掃除について　④互助組合代表者の選出について
　　⑤事務室より

7．身体計測実施要項について（保健）

8．その他
　　＊学年および分掌内で決まった役割について
　　　…各学年主任，各分掌主任，教科主任は4/7（金）までに教務へ提出ください。
　　　（各係については，第1回係会後訂正のあると時は連絡）

3. 教師生活スタート！　辞令交付式

## 資料6　学年会と教科会

**学年会（14：00〜　　　）**

| 1年　会議室　　2年　図書室　　3年　多目的ルーム |
| --- |

・学級担任，副担任の確認　　　　　・学年分掌の決定
・学年の指導方針　　　　　　　　　・学年親睦会費（月額決定）→事務へ連絡
・入学式，始業式について　　　　　・転入，転出者の確認
・クラス発表名簿（掲示用）の作成　・学校預かり金学年予算の立案
・係り選出〈下記の枠内参照〉

・①名列表原稿②学年分掌表③学級編成表（生徒名簿原稿）
※生徒名列の原稿はすべて男女混合五十音順で（データをセンターサーバー入学年度のファイル内に）
・その他

分掌例

| 団体指揮　　　学校祭準備委員（体育・文化1名ずつ…委員長を除く） | |
| --- | --- |
| 保健　　　　　朝読書・朝学習　　　　　職員会議議長 | |
| 特別支援教育　　預かり金担当 | |
| 学年会計　　　親睦会 | など |

クラス発表名簿（掲示用）の例　　模造紙半分を横長にする

| 　　女　男 | 年 |
| --- | --- |
| 計　子　子　　※男女混合名簿で発表する（文字の色は男女同色で） | 組 |
| 名　名　名 | |

※担任・副担任名は名簿に書かない。

**教科会（15：30〜　　　）**

| 国─図書室　　社─1職　　数─会議室　　理─2理　　音─音楽室 |
| --- |
| 美─美術室　　保体─小会議室　　技家─旧二職　　英─多目的ルーム |

・教科主任の決定　　　・教科目標，具体的取組，確認事項，教科会費について
　　①教科授業担当表（時間割編成についての要望事項等）
　　②年間行事予定（教育実習生受入，学習指導簿希望数含む）
　　③教科書・指導書必要数について（1部コピー　教務へ）

## 4.　明日は入学式

　　　いよいよ明日は入学式。新しい制服，新しい学校に，新しい友だ
ち，新しい先生。新入生は晴れやかな気持ちとともに新しい環境への
不安が入り交じることだろう。これは僕にとっても全く同じだ。これ
までたくさんの入学式を「生徒」として経験してきたが，教師として生徒を迎
える立場は初めてだ。これまで入学式の準備にこれほど時間も労力もかけてい
たとは気づくことすらなかった。体育館が式場となるが，壇上やフロアーの準
備，紅白の幕を用意したり，マイクや音響関係，案内の掲示板に，リハーサ
ル。考えてみれば当たり前のことだが，これらは教職員の協力，連係プレーが
必須となる。教務主任の沖田先生や新一年の学年主任の児玉先生の的確な指示
のもと，これらの準備が順調に進んでいく。

　事前に配布された役割分担表に従いつつも，要領を得ない僕は，先輩の先生
の指示やアドバイスを受けながら，会場設営の準備を担当した。僕は新一年の
担任なので，入学式の準備と平行して教室の掃除や環境整備，生徒に配布する
書類や話す内容の準備に追われた。

　明日は，何を話そうか，まだ決めかねている。自分一人で悩んでも解決しな
いので，ここは，学年主任の児玉先生に相談してみることにしよう。


　　　[大中先生からのアドバイス] 入学式と始業式は，中学校の 4 月最初
にある大きな「イベント」です。在校生にとっては同じ中学校の一員
として新しい仲間を迎える大切な行事でもあります。そのため，先に
始業式を済ませ翌日などに入学式を行っている学校も多いようです。初めて学
校で働く人にとっては，入学式の準備が淡々と進んでいく様子に驚くことで
しょう。その学校に新しく異動してきた先生や新任の先生をもうまく巻き込
み，教職員が在校生と一緒になって新入生を迎えるための準備作業は，見事な
までの段取りで進んでいきます。その様子からは，教師の「指導力」の一端を
うかがうことにもなるでしょう。

　新任教員にとっては，まだまだ学校のことがわからない時期にものすごい勢

*18*

## 4. 明日は入学式

いで進められていく準備を目の当たりにして戸惑うことも多いと思います。決して多くはない教員の人数で学校の各種行事を大勢の生徒を動かしながら，予定されたとおりのプログラムを遂行していくために，各学校では役割分担をしっかりと決めています。新任教員が単独で担当することはないでしょうから，分担内容に不安を感じるようであれば，積極的に同じ担当の先輩教員に聞いてみましょう。入学式の役割分担表の例を資料7に示します。さあ，担当する生徒が入学してきます。いよいよ「教師 井上先生」のスタートです。

## 資料7　入学式要項

○○年度　入学式要項（案）

1．日　時　　○○年4月7日（金）午前10時開式（9時より受付）

2．式　場　　○○市立△△中学校　体育館

3．参列者　　入学生127名　　在校生235名（2年117名，3年118名）
　　　　　　　来賓・保護者・教職員

4．集　合　　9時20分　　新入生（1年各教室集合）
　　　　　　　　　35分　　在校生（グランド　雨天は教室）

5．入　場　　9時45分　　①在校生　②保護者・教職員　③来賓の順で入場
　　　　　　　　　55分　　新入生入場（2組より）※全員拍手で迎える

6．式次第（司会　教頭）
　①開会の言葉
　②国歌斉唱
　③校歌斉唱
　④学校長式辞
　⑤PTA会長祝辞
　⑥お祝いの言葉紹介
　　（市長，教育長代読含）
　⑦在校生代表歓迎の言葉
　⑧新入生代表あいさつ
　⑨担任【SC（スクールカウンセラー）含む】（学校長）1年教職員は壇上へ（2組先頭）
　⑩閉会宣言

7．式終了後の予定
　①新入生，来賓，教職員，在校生順に退場。新入生は担任が引率。写真撮影（雨天順延）後，教室で学活
　②保護者は式場で学校生活全般の話を聞く。
　　1）教務主任
　　2）生徒指導部長
　　3）学年主任
　③担任の抱負，保護者へのお願いは保護者が教室へ入ってから話をする。
　④後片付けは2年生が中心におこなう。
　⑤12：00頃教職員写真撮影
　　（雨天時体育館）

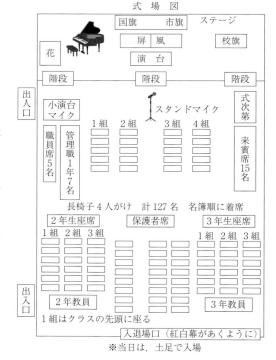

4．明日は入学式

8．前日までの役割分担
　①案内状発送（来賓・保護者）　――――――教務主任
　②新入生代表あいさつ指導　　　――――――教務主任
　③式場・生け花（注文・立花）　――――――教頭，事務室
　④看板・案内表示　　　　　　　――――――教頭，管理用務員
　⑤看板制作　　　　　　　　　　――――――教頭，管理用務員
　⑥クラス発表巻紙準備　　　　　――――――1年教員【入学前登校日4月6日掲示】
　⑦受付名簿作成（名列表原稿コピー）――――1年学年主任（生徒用，保護者用）
　⑧1年生教室清掃と整備。机・椅子の確認――3年生（4月6日確認）
　⑨式場準備（始業式の大掃除で）――――――2年生徒，教職員
　⑩パトロール体制　　　　　　　――――――補導主任（　　　）
　⑪1年生の教室飾りつけ　　　　――――――生徒会（　　　）

9．当日の役割分担
　①保護者受付　　　　　　　　　　――――――3年副担（　　　）（　　　）
　②雨天時傘立・ビニール袋保護者用準備―――2年副担（　　　）（　　　）
　③入退場の指揮　　　　　　　　　――――――3年学年指揮係（　　　）
　④放送（テープなどの準備）　　　――――（　　　）
　⑤記録（ビデオ）　　　　　　　　――――2年（　　　）
　⑥在校生の指導　　　　　　　　　――――――2，3年教員（　　　）（　　　）
　⑦式場後片付け　　　　　　　　　――――――2年生と2，3年教職員
　⑧保護者誘導　　　　　　　　　　――――――2，3年学年主任
　⑨保護者受付，来賓受付・接待　　――――――3年（　　　），管理用務員，養護教諭
　⑩パトロール体制　　　　　　　　――――――補導主任（　　　）

10．当日の流れ
　┌─────────────────────────┐
　│9：20　新入生集合（各教室）　　　　　　　　│
　│9：30　新入生集合，整列，確認（3年生）　　│
　│9：35　在校生集合　　　　　　　　　　　　　│
　│9：45　在校生，保護者，教職員，来賓入場　　│
　│9：55　新入生入場（2組より，拍手で迎える）│
　└─────────────────────────┘

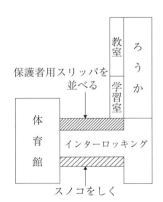

11．雨天の場合
　・1年生は外ばきを持ってインター
　　ロッキングへ移動。
　　スノコの上ではきかえて入場。

21

## 5. 学級開き

　入学式が終わって，新入生は教室に移動します。そこで担任教師と初めてのホームルーム「学級開き」というとても大切な時間があります。教室には保護者も来られ，担任教師へ多くの視線が注がれます。ここでは，学級開きのときに話すべきこと，話した方がいいことなどをまとめてみましょう。

---

○自己紹介
○学年目標と学級経営目標
　・「こんな学級にしたい」という担任としての意思表明です。
○保護者への挨拶
○本日の配付資料
○明日の予定
○当面の予定

---

　配布物の中には，保護者に記入してもらい学校に持参提出してもらう用紙があります。「何を」「いつまでに」提出するのかを，はっきりと伝えることが大切です。曖昧な言い方は誤解を与えるだけでなく，信頼関係を作る上で障壁となることもありますから，事前に伝える内容を箇条書きにして伝え漏れがないようにしておきましょう。
　また，当面の予定として，4月の行事予定表を配布することでしょう。学年独自の行事予定と，学校全体の行事予定が混在して記載されていますから，はじめに行事予定表の見方の説明をした方がいいでしょう。資料8に「4月行事予定表」の例を示します。配布して生徒や保護者から質問をされることがあるかもしれませんから，事前によく見ておいて，わからない行事などについては先輩教員にきいておくようにしましょう。学級開きの留意事項を資料9に示します。

## 5. 学級開き

## 資料8 「4月行事予定表」の例

# ○○年度4月行事予定

○○年4月3日　○○市立△△中学校

| 日 | 曜 | 授業 | | | | | | 行事 | 生徒会 | 給食 | | |
|---|---|---|---|---|---|---|---|---|---|---|---|---|
| | | ① | ② | ③ | ④ | ⑤ | ⑥ | | | 1年 | 2年 | 3年 |
| 1 | 土 | | | | | | | | | | | |
| 2 | 日 | | | | | | | | | | | |
| 3 | 月 | | | | | | | 新採用教員辞令式，出校日　職員会議①（9:00～）　学年会①（14:00～）<br>教科会（16:00～）　　　　　　　　　　　　　　　　部活なし | | | | |
| 4 | 火 | | | | | | | 研修会（生徒理解2，3年9:00～）　職員会議②（10:00～）<br>職員室内座席移動（11:30～）　学年会②（14:30～）　部活なし | | | | |
| 5 | 水 | | | | | | | 分掌部会（庶務9:00～）（教務9:30～）（生指・生徒会10:00～）（学指13:00～）<br>（人権教育14:00～）　学年会③15:00～　副読本搬入および回収　部活可 | | | | |
| 6 | 木 | 式 | 清掃 | 学 | 準備 | ○ | ○ | 新クラス発表8:50～　着任式・始業式<br>新入生入学前登校日（2年入学式準備）　学年会　　部活なし | 新入生前日登校<br>入学式リハーサル | | | |
| 7 | 金 | 式 | 式 | 学 | 学 | | | 入学式（午前10時より）　　　　　　　　部活なし | | | | |
| 8 | 土 | | | | | | | | | | | |
| 9 | 日 | | | | | | | | | | | |
| 10 | 月 | 学 | 学 | 学 | 短学 | 部集会 | | ①②学級写真撮影（9:00～2，3年）③学　④（短学活＋2，3年部集会）<br>14:00～生徒理解（1年）　15:00～総合学習打合せ　部活動登校生徒は再登校15:00 | | | | |
| 11 | 火 | 授授集 | 授保授 | 授集保 | 集保授 | 授授 | | 朝読書開始　学年集会（①3年②2年①1年）<br>給食開始　　　　　　　　　　学年会 | キャプテン会議 | ○ | ○ | ○ |
| 12 | 水 | 生 | 生 | 生 | 保水3 | 保水4 | 水5 | 平常授業開始<br>①②新入生歓迎会＆オリエンテーション | | ○ | ○ | ○ |
| 13 | 木 | 木1 | 木2 | 木3 | 木4 | 学 | | ④1年オリエンテーション<br>⑤部活動紹介＆春季体育大会激励会 | | ○ | ○ | ○ |
| 14 | 金 | 金1 | 金2 | 金3 | 金4 | 金5 | 学 | ⑥学級役員選挙，学級旗作成に向けてなど<br>1年部活動体験入部① | | ○ | ○ | ○ |
| 15 | 土 | | | | | | | | | | | |
| 16 | 日 | | | | | | | | | | | |
| 17 | 月 | 月1 | 月2 | 月3 | 月4 | 月5 | 月6 | 1年部活動体験入部② | | ○ | ○ | ○ |
| 18 | 火 | 火1テ | 火2テ | 火3テ | 道 | 火5テ | 火6テ | 1年部活動体験入部③　本人部屋配布<br>3年全国学力調査 | | ○ | ○ | ○ |
| 19 | 水 | 水1テ | 水2テ | 水3テ | 水4テ | 水5 | 水6 | 研修会（学習指導方針）　教科主任会<br>新転任研修会 | | ○ | ○ | ○ |
| 20 | 木 | 木1 | 木2 | 木3 | 木4 | 学 | | 本人入部届回収<br>⑤全校集会（認証式） | 第1回専門委員会 | ○ | ○ | ○ |
| 21 | 金 | 金1 | 金2 | 金3 | 金4 | 金5 | | ⑤学級旗作成など<br>放課後 部集会（1～3年）　特別支援教育委員会 | | ○ | ○ | ○ |
| 22 | 土 | | | | | | | | | | | |
| 23 | 日 | | | | | | | | | | | |
| 24 | 月 | 月1 | 月2 | 月3 | ○ | ○ | | 家庭訪問1<br>春季体育大会練習①（終学活後） | | ○ | ○ | ○ |
| 25 | 火 | 火1 | 火2 | 火3 | 道 | ○ | | 家庭訪問② <br>春季体育大会練習②（終学活後） | | ○ | ○ | ○ |
| 26 | 水 | 水1 | 水2 | 水3 | 水4 | ○ | | 家庭訪問③　校外学習委員会13:00～ | | ○ | ○ | ○ |
| 27 | 木 | 木1 | 木2 | 木3 | 学 | ○ | | 家庭訪問④<br>春季体育大会練習③（終学活後） | | ○ | ○ | ○ |
| 28 | 金 | 金1 | 金2 | 金3 | 金4 | 金5 | 学 | 春季体育大会練習④（終学活後） | | ○ | ○ | ○ |
| 29 | 土 | | | | | | | 昭和の日，春季総合体育大会開会式（○○競技場） | | | | |
| 30 | 日 | | | | | | | | | | | |

| 来月の予定 | | 1年 | 2年 | 3年 |
|---|---|---|---|---|
| 9日　校外学習 | | | | |
| 10日　修学旅行，職業体験保護者説明会 | 授業日数 | | | |
| 18日～19日　定期テスト（中間テスト） | | 16 | 17 | 17 |
| 22日 25日～　教育相談 | 給食実施回数 | | | |
| 27日　休日参観（29日代休） | | 14 | 14 | 14 |

資料9　学級開きの留意事項

# 学級開き

　新しい担任や友達との出会い，新しい学年への希望と喜び，そしてつかみどころのない不安が入り乱れているのがこの時期である。

　教員が希望に満ちた笑顔で，子どもたち一人一人に安心感を持たせるとともに，学校・学年・学級のきまりや約束を1年の始まりであるこの時期に確実に理解させ，学級の基盤作りをすることが大切である。

◇　学級開き

◎　**教室の床，ロッカー，黒板，廊下，傘立て，電灯など教室備品の点検と整備**

　○　机・椅子の点検，ロッカー・下駄箱等の配置と名前つけを確実に行う。

> ・　ロッカー，傘立て，下駄箱などの名前シールが汚れていたり歪んでいたりしないよう必ず確認する。
> ・　机や椅子にある落書きや傷なども，できる限り目立たないようにしておく。ひどい場合は交換する。また，机や椅子の脚端カバーが外れているものは補修する。

◎　**安心感と信頼感**

　○　子どもたちの名前をしっかり確認し，読み方を間違わないようにする。

　○　互いに助け合い，自分と仲間を大切にすることで，居心地の良い学級を作っていくことを伝える。

> ・　アイスブレーキングなどを取り入れ，学級の雰囲気を和やかなものにするのも良い。
> ・　入学，クラス替え後の子どもたちの最大の不安は，人間関係である。学年が上がるにつれ，対教員から対同級生に変わっていく。安易に「早く友達を作ろう」と言いがちであるが，まずは子どもたちの人間関係を把握し，配慮が必要かどうか，また声かけの方法にも気をつける。
> ・　子どもは孤立を恐れて，小グループをつくってしまう傾向がある。

◇　**学校・学級の生活について**

◎　**「学校のきまり」をきちんと伝える。**

　○　「学校のきまり」については，完全に把握しておくこと。異動してきた場合でも，「まだ知らない」では済まされない。「学校のきまり」は規律ある学校づくりのための核となるものである。

　○　集団のルール，人としてのモラルを学校全体で共通理解して一貫性を持って教える。

◎　**いじめ，暴力などの人権侵害にあたることは，絶対に許さないことを明確に伝え，子ども一人一人に認識を徹底させる。**

◎　**学年や学校の状態によっては，教員がきまりを提示するだけでなく，子どもたち自身に「学級をより良くしていくために」という観点で考えさせる。**

> 「なぜルールを守ることが大切なのか」を子ども一人一人が理解できるよう，具体例をあげながら説明する。

## 5. 学級開き

◇ **学級のルールを決める時期**

◎ **年度当初は，学校生活のルールを定着させるための大切な時期である。**

○ これだけは絶対許さないという最低限のルールは，教員側から厳格に示す（危険な行為，いじめ，暴力，窃盗など）。

○ 前担任のときのルールを確かめておく。違う対応をすると「前の担任の先生は」という不満が出たり，新しい担任を「試す」ようなこともある。

◎ **目に余る行為が多いときなどは，話し合いを持ち，学級の実態から自分たちの生活を振り返らせ，新たなルールを作ることも有効な場合がある。**

◇ **ルール作りのポイント**

◎ **「学校のきまり」を前提にする。**

◎ **子ども全員が守れるルールにする。**

○ 家庭環境に左右されるようなルールは決めない。どの子どもも意識すれば守れるものにする。

◎ **抽象的なものでなく，具体的に行動できるものにする。**

◎ **学級のルール作りは，子どもに任せきりにしない。**

○ 教員が的確に指導・助言する。守れなかったら罰があるようなルールは決して作らない。

＜ルールの決め方＞

① 子どもの意見に担任が指導・助言して決める方法

当番活動や係活動などの内容を子どもたち自身に決めさせるときなどに用いる。

② 担任の提案に子どもが意見を出して決める方法

担任は，改善したい内容を提案する。例えば「もっと教室をきれいにするには」などの問題を投げかけ，子どもたちの意見をルールにまとめる。

◎ **ルールを必ず守らせる。**

○ ルールを作っただけであれば，「守らなくてもかまわない」という意識を持たせてしまう。ルールは作ることが目的ではなく，守らせることが最も大切である。年間を通じて，きまり・ルールを意識した学級経営を行う。ただし，ルールを守れない子どもを責める学級にならないよう注意する。

◎ **「学校のきまり」「学級のルール」を学級だよりやHPなどで保護者に発信・周知し，共有する。**

（京都市教育委員会　生徒指導課「子どもたちの自己実現に向けて」平成25年1月）

## 6.　もうすぐ授業が始まる！

　　　　　入学式のあと，新一年生は学校生活に慣れるためのオリエンテーションが続く。校内の施設設備のや給食のガイダンス，保健室等での身体計測，生徒会活動や部活動の紹介など連日多くの予定がある。それが終われば，いよいよ中学生としての授業の開始だ。それまでに僕は授業準備をしておかないと。

　大学は教育学部ではなく文学部史学科で，専門として学んできたのは日本史だ。一年生の社会科は地理を教えることになっているが，歴史学を学んできた僕は教育実習では3年の公民を担当したから，地理を教えるのは初めてだ。同じ学年には社会科の教員は僕だけだから，同じ教科の先生全員が集まる教科会のときに先輩教員に教材研究のコツを聞いておかないといけないかも。教育実習のときは指導教員から教科書と指導書を渡され，教える範囲の指示があったので，そのあたりを中心に指導書を読んで，他にインターネットで調べたりしていた。これの繰り返しでいいのだろうか……ちょっと不安だ。


　　　　　[**大中先生のアドバイス**]　教師が教師である一番の仕事は授業です。そのための一連の準備は教材研究と呼ばれ，教師である限り教材研究をし続けていく必要があります。初めて教壇に立ち授業を行うための教材研究をする上で心にとめておいてほしいことを資料10にまとめてみました。

6. もうすぐ授業が始まる！

## 資料10　教材研究の留意点

■年間指導計画を必ず確認すること

・どの単元をどのくらいの時間をかけて教えていくのかについては指導書にも書かれています。その時間を目安にしておくことは大切です。

■指導書の指導案を参考にしてみる

・指導書に記載されている指導案は，その道の専門家たちが考えたモデル授業とも言えます。生徒の実態に即した指導方法が求められますが，初めての場合，また新入生を対象とした場合，まだまだ模索状態です。そのようなときは指導書の指導案を試みに実施してみることもいいかと思います。トライアンドエラーで，次の授業で修正していくつもりの方が新任教員にとっては負担が少ないでしょう。

■先輩教員の授業アイデアを真似する

・教科会などで先輩教員にどんどん聞いていきましょう。後輩教員から質問されることは先輩教員にとってうれしいことのひとつです。使用する教科書ですで教えた経験があることが多いので，授業を進めていく上で効果的なアドバイスが得られることでしょう。ここで注意したいのは，先輩教員に，全部聞くという姿勢ではなく，該当の単元を「自分ではこうしてみたいと思っているのですがどうでしょうか？」とか，「このように進めた場合，どんなことに注意したらいいでしょうか？」，「こんなことを教えるときに参考になる教材をご存じでしょうか？」など，一度は自分で考えるということをしてください。

■教育センターのホームページを活用する

・教育センターが設けている教員専用のサイトがあると思います。一般の人も閲覧できるページやその自治体に所属する教員だけしか閲覧できないページなど，最近の教育センターのホームページはかなり充実しています。その中に教科指導に役立つ教材研究のためのページが設けられている場合があります。どのようなページがあって，どのような内容が掲載されているかを確認しておきましょう。特別の支援が必要な子どもへの指導上の留意点なとも掲載されていることがあります。教員の実践や教材研究の蓄積でもあるので，時間を見つけてじっくり見てみるといいですね。

■前年度の同じ学期の定期試験の問題を見せてもらう

・6月あたりになると「中間テスト」があることが多いと思います。どのような問題を作成されているのかを知ることは試験問題の作成だけでなく，授業のレベルや内容を知ることにつながりとても有益です。先輩教員に見せてもらうことを通して，いろいろ学ぶ機会となりますね。

■新入生対象の（実力）テストを採点しながら，生徒の大まかな達成状況を把握する
・新1年生は入学後の4月上旬にあるオリエンテーション期間に，小学校までの学習状況を把握するための「テスト」をすることがあります。これから自分が授業をする生徒たちの習熟状況を把握することは，授業の構成を考えていく上に大いに参考になることでしょう。

■市販の問題集を見て，単元でおさえておくことをつかむ
・初めて教壇に立つ新任教員にとっては，「教科書の記載されていることを全て教えなければいけないのか？」，「そうすると，一方的に講義形式になってしまい，考えさせたり，グループワークなどをさせるような時間がとりにくくなるのではないか？」など，どこに力点を置いて授業を組み立てるかが分かりにくいことが多いと思われます。そんなとき，どの程度の内容は押さえなければいけないかを知るために，市販の基礎的な問題集を見てみることが役に立ちます。

■過去の公立高校の入試問題を確認する
・もし余力があるのであれば，高校入試問題も見てみましょう。公立中学校の教員の場合，多くの生徒が公立高校に進学しますから，公立高校の入試問題を見ておくことも役立ちますね。

■先輩の授業を見せてもらう
・本来は，先輩の授業をたくさん見ることが一番おすすめです。新1年生の授業が始まる前にはすでに2，3年生は授業を始めています。時間的に余裕ができたときには，できるだけ多くの授業を見ることが何よりも勉強になります。授業の構成だけでなく，生徒への話し方，間のとり方，机間指導の仕方，板書の工夫など，見るべき観点は数多くあります。授業を見せてもらうときは，生徒の視点ではなく，自分が教壇に立って授業をしていると想定した教師の視点で見ることが大切です。生徒の時や教育実習生の時とは違った立場や視点で見る先輩の授業は自分の授業スタイルを作っていく上で，きっと有益なことでしょう。
・授業を見せてもらうときに，「その授業のポイント」など先輩教員が授業の中で特に留意していることや若手教員にみておいてほしいことなどを聞いておくといいでしょう。新任のころは，授業を見るといっても漠然と見てしまうことも多く，授業を見る観点を教えてもらった方がより有効となると思います。

## 7. 授業以外にもこんな仕事がある（教育課程）

　　教師の仕事は授業以外にも学校運営上のさまざまな役割分担である校務分掌があることは大学の教職課程の講義で学んだ。他にも，教育活動には授業以外に多くの行事などがあり，教育課程とよばれている計画書みたいなものがあることも。ということは，教師の仕事は教育課程の内容だけなのだろうか？　教育課程以外のことはしなくてもいいのだろうか？その前に教育課程についてどこかに書かれていたかなあ。

　　[大中先生のアドバイス]　教育課程は学習指導要領に詳しく書かれています。資料11に中学校学習指導要領から教育課程についての項目を抜粋してみました。教育課程は学習指導要領などに記載されているように，"各教科，特別の教科道徳（道徳科），総合的な学習の時間，特別活動"があります。特別活動には学級活動や生徒会活動，学校行事があります。どれも教育活動において重要な位置を占めるものですが，教師が行っている教育活動は他にもありますね。たとえば，休み時間や昼食時間，清掃時間，部活動，放課後に行われる個別的な指導や学力の不振な生徒のための補充指導，家庭訪問や教育相談……など。これらは教育課程外のものといえますが，学校教育においてはどれも大切なものばかりですね。

　このように，学校教育には教育課程に基づくものと教育課程外のものがあると言えます。教育活動は教室内外を問わずあらゆる場所や場面，授業以外の時間帯においても行われているということですね。

　教育に関する計画であることから，教育課程に記されているのは，授業や行事など生徒全体に直接的に関するものがほとんどです。これまでの生徒としての学校生活を思い出しても，教師の仕事は教育課程以外にもたくさんあることがわかりますね。

**資料11　中学校学習指導要領**

第1章　総則　　第2　教育課程の編成

　3　教育課程の編成における共通的事項

　(1)　内容等の取扱い

　　ア　第2章以下に示す各教科，道徳科及び特別活動の内容に関する事項は，特に示す場合を除き，いずれの学校においても取り扱わなければならない。

　　イ　学校において特に必要がある場合には，第2章以下に示していない内容を加えて指導することができる。また，第2章以下に示す内容の取扱いのうち内容の範囲や程度等を示す事項は，全ての生徒に対して指導するものとする内容の範囲や程度等を示したものであり，学校において特に必要がある場合には，この事項にかかわらず加えて指導することができる。ただし，これらの場合には，第2章以下に示す各教科，道徳科及び特別活動の目標や内容の趣旨を逸脱したり，生徒の負担過重となったりすることのないようにしなければならない。

**資料12　中学校学習指導要領解説　総則編**

第2章　教育課程の基準

　第1節教育課程の意義

　　教育課程は，日々の指導の中でその存在があまりにも当然のこととなっており，その意義が改めて振り返られる機会は多くはないが，各学校の教育活動の中核として最も重要な役割を担うものである。教育課程の意義については様々な捉え方があるが，学校において編成する教育課程については，学校教育の目的や目標を達成するために，教育の内容を生徒の心身の発達に応じ，授業時数との関連において総合的に組織した各学校の教育計画であると言うことができ，その際，学校の教育目標の設定，指導内容の組織及び授業時数の配当が教育課程の編成の基本的な要素になってくる。（以下，略）

7. 授業以外にもこんな仕事がある（教育課程）

**資料13　教育課程**

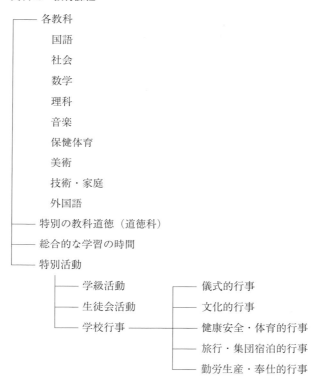

（「中学校学習指導要領」文部科学省　平成29年3月より）

**資料14　特別活動の年間指導計画（前期）例～学校行事と学年**

| 月 | 学校行事等 | 1年 | 2年 | 3年 |
|---|---|---|---|---|
| 4 | 始業式（新入生歓迎会）評議・各種委員会<br>部活動紹介<br>家庭訪問 | 1年生になって<br>学級や学校生活の決まりを知る<br>評議・各種委員会の選出<br>朝の会や終わりの会の持ち方<br>学級目標決定 | 2年生になって<br>朝の会や終わりの会の持ち方<br>評議・各種委員の選出<br>学級目標決定<br>生き方探究チャレンジ体験について | 3年生になって<br>朝の会や終わりの会の持ち方<br>評議・各種委員の選出<br>学級目標決定<br>進路に向けて<br>修学旅行に向けて |
| 5 | 職業体験<br>中間テスト<br>教育相談<br>修学旅行 | 新班編成<br>学習の仕方<br>テストの受け方<br>いじめ意識調査<br>教育相談アンケート | 新班編成<br>職業体験<br>中間テストに向けて<br>いじめ意識調査<br>教育相談アンケート | 新班編成<br>進路に向けて<br>中間テストに向けて<br>いじめ意識調査<br>修学旅行に向けて<br>教育相談アンケート |
| 6 | 休日参観<br>生徒総会 | 学級の諸問題について<br>生徒総会に向けて<br>エアコン使用心得 | 学級の諸問題<br>生徒総会に向けて<br>エアコン使用心得 | 学級の諸問題<br>生徒総会に向けて<br>エアコン使用心得 |
| 7 | 夏休み前懇談会<br>終業式<br>学校祭<br>非行防止教室 | 夏休みの過ごし方<br>7月までの反省と今後の取組<br>体育祭・文化祭に向けて<br>喫煙と薬物乱用防止教育 | 夏休みの過ごし方<br>7月までの反省と今後の取組<br>体育祭・文化祭に向けて<br>喫煙と薬物乱用防止教育 | 夏休みの過ごし方<br>7月までの反省と今後の取組<br>体育祭・文化祭に向けて<br>進路希望の実現に向けて<br>喫煙と薬物乱用防止教育 |
| 8 | 夏休み明け課題テスト | 生活確立に向けて | 生活確立に向けて | 生活確立に向けて |
| 9 | 期末テスト<br>体育祭 | 期末テストに向けて<br>体育祭に向けて | 期末テストに向けて<br>体育祭に向けて | 期末テストに向けて<br>体育祭に向けて |
| 10 | 終了式<br>文化祭 | 前期の反省<br>文化祭に向けて | 前期の反省<br>文化祭に向けて | 前期の反省<br>文化祭に向けて |

7. 授業以外にもこんな仕事がある（教育課程）

資料15　特別活動の年間指導計画　（後期）例〜学校行事と学年

| 月 | 学校行事等 | 1年 | 2年 | 3年 |
|---|---|---|---|---|
| 10 | 始業式<br>文化祭<br>生徒会選挙 | 後期を迎えて<br>文化祭に向けて<br>生徒会選挙に向けて | 後期を迎えて<br>文化祭に向けて<br>生徒会選挙に向けて | 後期を迎えて<br>文化祭に向けて<br>生徒会選挙に向けて |
| 11 | 進路学活<br>中間テスト<br><br>教育相談<br>小学生中学校体験 | 進路について<br>中間テストに向けて<br>エアコン使用心得<br>教育相談アンケート | 進路について<br>中間テストに向けて<br>エアコン使用心得<br>教育相談アンケート | 進路選択の決定に向けて<br>中間テストに向けて<br>エアコン使用心得<br>教育相談アンケート |
| 12 | 人権学習<br>3年進路懇談会<br>1. 2年冬休み前懇談会<br>終業式<br>大掃除 | 人権週間を迎えて<br>12月までの反省と今後の取組<br>冬休みの過ごし方 | 人権週間を迎えて12月までの反省<br>と今後の取組<br>冬休みの過ごし方 | 人権週間を迎えて<br>12月までの反省と今後の取組<br>冬休みの過ごし方<br>効果的な学習方法 |
| 1 | 防災の日<br>3年学年末テスト | 防災とボランティアの日について<br>学級の諸問題について | 防災とボランティアの日について<br>学級の諸問題について<br>修学旅行に向けて | 防災とボランティアの日について<br>就職・進学の準備<br>3年学年末テストに向けて |
| 2 | （私学入試）<br>期末テスト | 期末テストに向けて | 期末テストに向けて | 私学入試に向けて |
| 3 | （公立入試）<br>卒業生を送る会<br>卒業式球技大会<br>終了式 | 進路学活<br>3年生を送る会に向けて<br>卒業式に向けて<br>球技大会に向けて<br>1年間を振り返って | 進路学活<br>3年生を送る会に向けて<br>卒業式に向けて<br>球技大会に向けて<br>1年間を振り返って | 公立入試に向けて<br>卒業式に向けて<br>3年間を振り返って |

| 8. | 初任者研修 |
|---|---|

教師は新卒からベテランと同じように授業をして，生徒や保護者と接することから，企業に就職した大学の同級生にうらやましがられるときがある。企業の場合，最初から最前線で活躍することはほとんどできないためだろう。外から見たらそうかもしれないけど，ベテラン教員と同じように仕事なんてできるわけがない。大学の教職課程の授業でも「教師は現場の中で育っていく」と聞いていたけど，放っておいても育つものでないことは自分でもわかる。そのため，新任の教員向けの研修会が用意されているらしい。4月に学校に着任したときに，教頭先生から初任研の予定表をいただいた。学校内での研修以外に教育センターへ行っての研修や他の中学校に行くのも予定されている。夏休みには連続した研修会もある。秋には研究授業をすることになっている。今月は，午後から教育センターに行くことになっている。自分の学校の授業があるのにどうするんだろう？

[大中先生のアドバイス] 学校の教員の研修に関する法令を資料16に示しました。研修という用語は「研究」と「修養」を意味していて，教員は「絶えず研究と修養に努めなければならない」のです。研修の分類の一例を資料18に示します。自己研修，校内研修，校外研修があります。初任者研修は教育公務員特例法23条に基づく法定研修となり，教育委員会が主体となって実施する研修です。法定研修には，他に10年経験者研修があります。いつ，どこで，どのような研修を受けるかについて着任時などに一覧表が配られることが多いようです。また，新任教員の場合，ベテラン教員や元校長先生らが指導教員として配置されます。

初任の教員がどのような研修があるかの例を資料17に示しました。授業に関すること以外にも，生徒理解や人権教育，特別の教育的ニーズがある生徒の理解などの講義や，あるテーマの課題について話し合ったりするグループワークや先輩教員の体験談など，それぞれの教育委員会が地域の実状を加味しながら，理論と実践を学ぶことができるような多彩なプログラムが計画されています。

## 8. 初任者研修

### 資料16 研修に関する法令

■教育基本法

（教員）

第9条　法律に定める学校の教員は，自己の崇高な使命を深く自覚し，絶えず研究と修養に励み，その職責の遂行に努めなければならない。

■教育公務員特例法

（研修）

第21条　教育公務員は，その職責を遂行するために，絶えず研究と修養に努めなければならない。

（研修の機会）

第22条　教育公務員には，研修を受ける機会が与えられなければならない。

（初任者研修）

第23条　公立の小学校等の教諭等の任命権者は，当該教諭等に対して，その採用の日から１年間の教諭の職務の遂行に必要な事項に関する実践的な研修（以下「初任者研修」）を実施しなければならない。

2　任命権者は，初任者研修を受ける者（次項において「初任者」という。）の所属する学校の副校長，教頭，主幹教諭（養護又は栄養の指導及び管理をつかさどる主幹教諭を除く。），指導教諭，教諭，主幹保育教諭，指導保育教諭，保育教諭又は講師のうちから，指導教員を命じるものとする。

3　指導教員は，初任者に対して教諭又は保育教諭の職務の遂行に必要な事項について指導及び助言を行うものとする。

（十年経験者研修）

第24条　公立の小学校等の教諭等の任命権者は，当該教諭等に対して，その在職期間が十年に達した後相当の期間内に，個々の能力，適性等に応じて，教諭等としての資質の向上を図るために必要な事項に関する研修（以下「十年経験者研修」）を実施しなければならない。

**資料17　ある自治体の初任者研修会（中学校教員）の例**

| 期　　日 | AM | PM | 内　　容 | 備　　考 |
|---|---|---|---|---|
| ４月上旬 | ○ | | 教職員としての心構え | 辞令交付式後 |
| ４月中旬 | | ○ | 教育課程（総則・総合的な学習の時間・特別活動の趣旨とねらい） | |
| ５月～７月 | | ○ | 道徳（示範授業・研究協議） | |
| ５月～７月 | | ○ | 教科研究①（示範授業・研究協議） | |
| ５月中旬 | | ○ | 教科指導①各教科及び道徳の学習指導要領における趣旨とねらい | |
| ５月下旬 | | ○ | 教科指導②学習指導案の意義と評価・問題作成 | |
| ６月中旬 | | ○ | 教育相談（カウンセリング） | |
| ７月～８月 | | ○ | 教科別夏季研修項座 | |
| ７月上旬 | | ○ | 道徳教育の意義と進め方（指導案の作成とワークショップ） | |
| ７月下旬～８月上旬 | ○ | ○ | 授業の設計と施工（講義及び演習） | ３日間連続 |
| ８月下旬 | | ○ | 生徒指導の理論と実践協議 | |
| ９月～12月 | | ○ | 教科研究②（研究授業・研究協議） | |
| ９月～２月 | | ○ | 教科研究③（研究授業・研究協議） | |
| ９月中旬 | | ○ | 特別支援教育 | |
| 11月中旬 | | ○ | 人権教育 | |
| ２月上旬 | | ○ | 学級経営及び研修のまとめ | |

　この自治体では，採用２年目～５年目の教員の研修として，下記の研修会が経験年次別研修として設けられている。

・「採用２・３年目教員研修会」：授業研修会を通しての授業力向上研究（年３回）

・「採用４年目教員研修会」：授業力向上を目指した校内研修を進め方（年１回）＋校内研修会の企画・立案

・「採用５年目教員研修会」：道徳の授業研修や採用２・３年目授業研修のサポートなど複数回の開催

8. 初任者研修

**資料18　研修の種類**

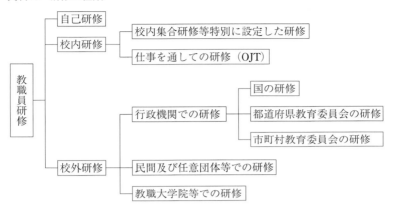

(「教職員研修の手引2017—効果的な運営のための知識・技術—」独立行政法人教職員支援機構，p.3より)

## 9. 家庭訪問

学生のときはゴールデンウィークが楽しみだったが，教師となった今年はその前に「家庭訪問」という「関門」が控えている。保護者と相対して，それも相手の家で，となると緊張してしまうことは目に見えている。そういえば，自分が中学生のころ，母親は家庭訪問の前には居間をきれいにしていたし，パートの仕事を早く切り上げて先生を迎えていた。一日に何件も家庭を回らないといけないし，限られた時間内で保護者と何を話したらいいのか，さっぱり見当もつかない。学年主任の児玉先生に聞いておかないと，安心できないなあ。そもそもどうして家庭訪問をするのだろうか？　家庭訪問ではおさえておくべき最低限のことは何だろうか？　服装はどうしようか？　……考えたらきりがない。

［大中先生からのアドバイス］　4月の終わりから5月の初めあたりに家庭訪問が予定されている学校が多いようです。家庭訪問の一番の目的（意義）は，保護者との信頼関係を気づくことです。子どもの教育や成長は学校だけでなされるものではなく，その基盤となるのは各家庭です。学校は子どもにとっては「外の世界」ですから，子どもが育つ「内の世界」である生活環境を見聞きすることは，生徒が抱える課題などを把握することにも役立ちます。したがって，家庭訪問に行って保護者に聞いておきたいこととして，その生徒の「家での様子」，家に帰ってから，あるいは休日などにどのような過ごしているかという情報を得ることにあります。学校では見えない姿や生活環境を見たり保護者からの直接伺うことにその意義があると言えます。

　そのためには，事前に学校に提出されている家庭のことなどについて保護者に書いてもらっている「個人カード」などにはしっかりと目を通しておきたいものです。その上で，兄弟関係のことや緊急時の連絡先，部活動に入っているのであればその活動状況や，学校以外の塾やスポーツクラブなどへの参加状況などの情報を得ることもその生徒の理解に結びつく重要な資料となります。服装は当然のことですが，スーツなど，家庭を訪問するのにふさわしいものにす

9. 家庭訪問

べきです。

　あと一つ，家庭訪問に行くときに留意し置いてほしいこととして「時間を守る」ことです。限られた時間でたくさんの家庭を訪問することから，その移動時間を考慮して訪問の時間帯を事前に指定していることと思います。次の家を訪問する時間帯に遅れないようゆとりを持って予定を組むとともに，訪問時に「切り上げる時間」などをあらかじめ伝えておくこともいいかもしれません。

　資料19は，公立中学校での「家庭訪問の基本」の例です。学校や地域によっては，配慮すべき事項などについて定めている場合もあります。学年主任の先生に留意事項を必ず聞いておきましょう。

## 資料19　「家庭訪問の基本」
　　　※学年の初めになどに一斉に行われるのが，**定期家庭訪問**
　　　※必要に応じてその都度，家庭を訪れるのが，**臨時家庭訪問**

### ■家庭訪問の目的は？
１．家庭と学校の連携を強め，担任と保護者の協力関係を作る契機とする。
２．子どもの生活環境や通学路を把握する。

　教師は，子どもの指導上の課題や配慮すべき事柄を保護者が担任に知ってもらいたいと思うことがあったり，子どもは，学校と家庭では全く違う姿を発見したりすることもあります。子どもや保護者のこと知った（子どもの背景）上での教育活動が重要です。

### ■事前に道順をよく考えて計画を立てましょう
　定期家庭訪問は，学校として公式に行うものであり，事前に文書を配布し，日時の都合などを確認して計画を立てます。期間中に日時が折り合わない場合には，互いに無理のない範囲で日程を調整することもあります。

　保護者にすれば，家庭訪問があるからと，色々と都合をつけて担任が家庭訪問する時刻に帰宅するようにしている保護者もいます。大幅に訪問時刻が遅れたり，訪問を中止してしまうと担任と保護者の間に信頼関係が作れないことも多いです。やむを得ず，時間が遅れる場合は，必ず，家庭へ電話連絡を入れると同時に学校へ問い合わせがあっても対応できるように学校へも連絡を入れておくことが重要です。
事前に家庭訪問の道順を検討したり時間を計算する必要があります。できれば，実際に

足を運んで確かめたり，日頃から校区を歩き土地勘を養っておくことも大切です。

　　※注意　住宅地図は，個人情報が満載ですので，教室掲示は NG


■こんなことに気をつけよう

1．道案内役の子どもを，ぞろぞろ連れ歩いたり，玄関前で待たせたりしない。
　　※部活や習い事などのある生徒もいます。教師の都合で，生徒を便利使いするの
　　　は，信頼を失います。

2．保護者と初対面の場合は「○○君（さん）の担任の□□■■（フルネーム）です。」
　　と名乗る。

3．いくつかの質問を準備し，保護者の話を聞くようにする。担任が一方的に話さな
　　い。
　　※生徒の実態に合わせ保護者が答えやすいような話から始める。

4．教育上必要な事柄を尋ねることはあっても，プライバシーに触れることは尋ねな
　　い。

5．保護者に尋ねられて即答できないようなことは，後日きちんと回答する。
　「今，回答できないので，学校へ持ち帰り，確認します。」
　　※即答できないことを個人的に述べたことが，学校の見解であると見なされること
　　　があるので，気をつける。
　　※持ち帰ったことは，直ちに学年主任や担当者に直接話を聞き，速やかにその日に
　　　回答することが原則。

6．保護者の目の前で話をメモしたり，録音したりすることはしない。
　　※保護者からの質問によっては，間違いを防ぐ場合にメモを取る場合は，ひと言
　　　断ってから行う。

7．生徒の学習環境を知りたいからと言って「子どもの部屋を見せて」「机を見せて」
　　など，迷惑がられることはしない。
　　※嫌がっている保護者・生徒がいることを忘れてはいけません。

8．訪問時間は，どの家庭も同じ程度の時間にする。
　　※時間は長短を客観的に比較しやすいもので不公平感を持つ火種になることもま
　　　す。

9．お土産などを持たされそうなときは，受け取れない旨を話して辞退する。

10．お茶などを飲み過ぎると手洗いが近くなるので気をつける。
　　※いざというときのために公園などのトイレの場所を（パチンコ屋さんは NG）確
　　　認しておくと気分的に楽になります。

11．家庭訪問で見聞したことは，守秘義務です。

9. 家庭訪問

※ただし，教職員で共通理解すべきことは確実に行う。

12. 帰校後は，家庭訪問で出てきたことを振り返り振り返りまとめておく。

※ただし，緊急性のあるものは，速やかに学年主任・管理職に報告し対応する。


## ■ほんのちょっとしたことが，大間違いの結果となることがあります

1．家庭訪問までに，必ずその生徒と話をしておく。

担任としてまだ数日しか顔を合わせていない生徒一人一人と個別に話をする時間がないということもありますが，保護者にとっては，新学年になってもう3週間にもなるのに，ひと言も話しかけもしてくれない冷たい担任だととらえています。休み時間や昼食・掃除の時間など，あらゆる場面で，どんなことでもいいので生徒に話しかけるようにしましょう。（目標＝最低でもクラスの生徒個々に一日一回声かけを！）

2．生徒宅付近では，次回訪問することを考えて目印を見つけておく。

定期家庭訪問は，昼間に行くことになりますが，今後は，夜に訪問しなければならないことも予想されます。昼間なら何とかたどり着けても，夜になると迷ってしまう事もあるので，交差点や大きな建物など，昼夜関係なく目印になるものを見つけておくと便利です。また，自動車を使うことも想定して，家の前に駐車できるか，無理ならどのあたりに駐車できるのか，一方通行など交通規制や道幅なども含めて，どういう道順になるかを確認しておきましょう。

3．個人情報となっている生徒個人カードは，持って行かない。

訪問する家庭のみ，必要事項は，ノートなどに写しておく。事前に訪問ルートを小学校区でグループを組むより早い場合があるのでしっかり下調べしておきましょう。道順の確認や所要時間などのシュミレーションをしておくと道に迷いにくいです。○○中学校区は，道が複雑になっているところも多く，距離的にも広範囲になります。しっかりと準備が必要です。

4．保護者には，家での生徒の様子を聞くと，わりと話してもらいやすい。

長引くような話題は避けたいものです。初めて（1回）の家庭訪問であれこれと話したり，教育論となるといつまでたっても終わらず，何のための家庭訪問かが分からなくなります。生徒を中心として家庭と学校が連携して生徒をこれから温かく見守り育んでいくというスタンスに立てば，担任は，家庭での様子を知り，そして保護者は，学校での様子を知るということから始めることが大切です。

5．第一印象で，言葉遣いや服装がいい加減だと，とんでもない評価が保護者間を回っていくことになります。

タメ口で話しかけてくる保護者もいますが，ある程度わきまえて話をしないと「話し方も知らない失礼な教師だ」という悪い評判が立つこともあります。また，普段から生

*41*

徒に対していい加減な話し方や服装をしていると，生徒から保護者に様子が伝わっていることも多いので，家庭訪問時だけきちんとしても，よい印象を持たれない。このときにもできないのは論外です。評判のために教育活動を行っているのではないが，いい評判が保護者間に回っていると，何かの時に保護者に助けてもらえることが多いのも事実です。

9. 家庭訪問

**資料20　家庭訪問について**

○○年4月7日

保 護 者 様

○○市立○○中学校
校 長　○○　○○

# 家庭訪問について

　陽春の候，保護者の皆様にはますますご健勝のこととお喜び申し上げます。日頃は，本校教育にご理解とご協力をいただき，誠にありがとうございます。先日無事に入学式も終え，元気いっぱいの新入生を迎えることができました。また，2・3年生も大きく成長した姿を見せてくれ，学校全体が活気にあふれています。

　さて，新学期が始まったばかりですが，学級担任と保護者が話し合う機会として，

## 4月24日（月）・25日（火）・26日（水）・27日（木）

の4日間，順次ご家庭を訪問し，懇談させていただきたいと考えています。月末のお忙しい時期かと思いますが，ご協力の程よろしくお願いします。短時間ではございますが，学校生活や家庭生活のことなど，どんなことでも学級担任とお話いただければ幸いです。

　なお，この期間は午前中授業となります。家庭学習のための課題を用意しますので，家庭で学習に取り組めますよう，ご協力をお願いします。

　なお，大変勝手ながら，懇談日時は学級担任から指定させていただきます。もし，ご都合の悪い日あるいは時間帯がある場合には，お子たちを通じまして下記の用紙にてご連絡いただきますようよろしくお願い致します。

-------------------------------- キリトリセン --------------------------------

### 「家庭訪問」の日時について

＿＿＿＿年＿＿＿＿組＿＿＿＿番　　　生 徒 名＿＿＿＿＿＿＿＿＿＿＿＿＿＿＿＿＿

　　　　　　　　　　　　　　　　　保護者名＿＿＿＿＿＿＿＿＿＿＿＿＿＿＿＿＿

**※どちらかに○印をつけてください。（できるだけアでお願いします）**
　**ア．懇談の日時はおまかせします。**
　**イ．以下の曜日または時間帯は，__都合が悪い__のでお知らせします。**

**※この用紙は，4月13日（木）までに必ず担任へご提出ください。**

## 10.　部活動

　　僕が大学で，教師という仕事を考えたとき，思い浮かぶ先生が二人いた。ひとりは中学3年のときの担任A先生，もうひとりは部活動の顧問のB先生だ。A先生には進路をはじめたくさんの相談にのっていただいた。B先生は今に続く身体を動かすことの楽しさを教わった。僕は中学高校大学と陸上部だった。走ることの楽しさだけでなく，仲間とともに過ごすことや，自分の記録を更新させていくことの楽しさを学んだ。

　中学教師になろうとした理由の一つに部活動に関わりたいという気持ちがあった。そして陸上部の顧問の一人となることができたのは幸いなことだ。しかし，ちょっと不安もある。僕が中学生の頃，部活動といえば，毎日活動はあったし，朝練，土日，夏休みも活動があった。はたして今はどうなのだろうか。授業の準備や校務分掌，生徒指導や保護者対応，初任研などに追われている毎日の中で，部活動の顧問ができるのだろうか？

　　**[大中先生のアドバイス]** 教員の業務はこれまで見たきたように，授業だけではなく，授業以上に時間も労力も必要とされるものが多いと思います。通常の勤務時間内では終わることができないほどの仕事量に対し，近年の「働き方改革」の動きとともに，部活動そのものの教師の役割を見直す動きが加速しています。部活動をしない日を設けたり，土日の活動を制限したり，教師以外の外部の人材を指導員として活用しようとするなど，さまざまな対策が考えられ，試みられてきています。これらの動きはまだまだ変化，改良されていくことと思いますが，まずは赴任した学校内で，部活動についてどのような方針を持っているのかを理解することが大切です。日本の学校教育は，授業内での教師の姿から学ぶとともに，授業以外の特別活動や部活動，さまざまな行事の中での姿から子どもたちは学び，成長していくという考えがありました。時に，授業以外のウエイトが大きくなりすぎ，教師の負担が重くなってしまっていたという反省のもと，今，多くの見直しが進められ始めています。特定の教師に負担が大きくなることを避け，チームとして在籍する

10. 部活動

生徒に対応できるように協働体制作りをめざすことが，これからの学校教育に求められていることだと思います。

　資料21に「運動部活動の在り方に関する総合的なガイドライン」（平成30年3月　スポーツ庁），資料22に「文化部活動の在り方に関する総合的なガイドライン」（平成30年12月　文化庁）の一部を示します。まだまだ歩みは始まったばかりです。学校現場と教育行政，保護者や地域の人たちと協議しながら，過重な負担の軽減と，「勝利至上主義」ではない中学生の部活動について考えていく必要があると思います。

**資料21　「運動部活動の在り方に関する総合的なガイドライン」**（抜粋）

**1　適切な運営のための体制整備**

**（1）運動部活動の方針の策定等**

　ア　都道府県は，本ガイドラインに則り，運動部活動の活動時間及び休養日の設定その他適切な運動部活動の取組に関する「運動部活動の在り方に関する方針」を策定する。

　イ　市区町村教育委員会や学校法人等の学校の設置者は，本ガイドラインに則り，都道府県の「運動部活動の在り方に関する方針」を参考に，「設置する学校に係る運動部活動の方針」を策定する。

　ウ　校長は，学校の設置者の「設置する学校に係る運動部活動の方針」に則り，毎年度，「学校の運動部活動に係る活動方針」を策定する。

　　　運動部顧問は，年間の活動計画（活動日，休養日及び参加予定大会日程等）並びに毎月の活動計画及び活動実績（活動日時・場所，休養日及び大会参加日等）を作成し，校長に提出する。

　エ　校長は，上記ウの活動方針及び活動計画等を学校のホームページへの掲載等により公表する。

　オ　学校の設置者は，上記ウに関し，各学校において運動部活動の活動方針・計画の策定等が効率的に行えるよう，簡素で活用しやすい様式の作成等を行う。なお，このことについて，都道府県は，必要に応じて学校の設置者の支援を行う。

**（2）指導・運営に係る体制の構築**

　ア　校長は，生徒や教師の数，部活動指導員１の配置状況を踏まえ，指導内容の充

実，生徒の安全の確保，教師の長時間勤務の解消等の観点から円滑に運動部活動を実施できるよう，適正な数の運動部を設置する。

イ　学校の設置者は，各学校の生徒や教師の数，部活動指導員の配置状況や校務分担の実態等を踏まえ，部活動指導員を積極的に任用し，学校に配置する。

　　なお，部活動指導員の任用・配置に当たっては，学校教育について理解し，適切な指導を行うために，部活動の位置付け，教育的意義，生徒の発達の段階に応じた科学的な指導，安全の確保や事故発生後の対応を適切に行うこと，生徒の人格を傷つける言動や，体罰は，いかなる場合も許されないこと，服務（校長の監督を受けることや生徒，保護者等の信頼を損ねるような行為の禁止等）を遵守すること等に関し，任用前及び任用後の定期において研修2を行う。

ウ　校長は，運動部顧問の決定に当たっては，校務全体の効率的・効果的な実施に鑑み，教師の他の校務分掌や，部活動指導員の配置状況を勘案した上で行うなど，適切な校務分掌となるよう留意するとともに，学校全体としての適切な指導，運営及び管理に係る体制の構築を図る。

エ　校長は，毎月の活動計画及び活動実績の確認等により，各運動部の活動内容を把握し，生徒が安全にスポーツ活動を行い，教師の負担が過度とならないよう，適宜，指導・是正を行う。

オ　都道府県及び学校の設置者は，運動部顧問を対象とするスポーツ指導に係る知識及び実技の質の向上並びに学校の管理職を対象とする運動部活動の適切な運営に係る実効性の確保を図るための研修等の取組を行う。

## 3　適切な休養日等の設定

ア　運動部活動における休養日及び活動時間については，成長期にある生徒が，運動，食事，休養及び睡眠のバランスのとれた生活を送ることができるよう，スポーツ医・科学の観点からのジュニア期におけるスポーツ活動時間に関する研究5も踏まえ，以下を基準とする。

○　学期中は，週当たり2日以上の休養日を設ける。（平日は少なくとも1日，土曜日及び日曜日（以下「週末」という。）は少なくとも1日以上を休養日とする。週末に大会参加等で活動した場合は，休養日を他の日に振り替える。）

○　長期休業中の休養日の設定は，学期中に準じた扱いを行う。また，生徒が十分な休養を取ることができるとともに，運動部活動以外にも多様な活動を行うことができるよう，ある程度長期の休養期間（オフシーズン）を設ける。

○　1日の活動時間は，長くとも平日では2時間程度，学校の休業日（学期中の週末を含む）は3時間程度とし，できるだけ短時間に，合理的でかつ効率的・効果

10．部活動

的な活動を行う。

イ　都道府県は，1（1）に掲げる「運動部活動の在り方に関する方針」の策定に当たっては，上記の基準を踏まえて休養日及び活動時間等を設定し，明記する。

ウ　学校の設置者は，1（1）に掲げる「設置する学校に係る運動部活動の方針」の策定に当たっては，上記の基準を踏まえるとともに，都道府県が策定した方針を参考に，休養日及び活動時間等を設定し，明記する。また，下記エに関し，適宜，支援及び指導・是正を行う。

エ　校長は，1（1）に掲げる「学校の運動部活動に係る活動方針」の策定に当たっては，上記の基準を踏まえるとともに，学校の設置者が策定した方針に則り，各運動部の休養日及び活動時間等を設定し，公表する。また，各運動部の活動内容を把握し，適宜，指導・是正を行う等，その運用を徹底する。

オ　なお，休養日及び活動時間等の設定については，地域や学校の実態を踏まえた工夫として，定期試験前後の一定期間等，運動部共通，学校全体，市区町村共通の部活動休養日を設けることや，週間，月間，年間単位での活動頻度・時間の目安を定めることも考えられる。

（スポーツ庁「運動部活動の在り方に関する総合的なガイドライン」http://www.mext.go.jp/sports/b_menu/shingi/013_index/toushin/__icsFiles/afieldfile/2018/03/19/1402624_1.pdf，参照2019-01-11）


**資料22　「文化部活動の在り方に関する総合的なガイドライン」（抜粋）**

**1　適切な運営のための体制整備**

**（1）文化部活動の方針の策定等**

ア　都道府県は，本ガイドラインに則り，文化部活動の活動時間及び休養日の設定その他適切な文化部活動の取組に関する「文化部活動の在り方に関する方針」を策定する。

イ　市区町村教育委員会や学校法人等の学校の設置者は，本ガイドラインに則り，都道府県の「文化部活動の在り方に関する方針」を参考に，「設置する学校に係る文化部活動の方針」を策定する。

ウ　校長は，学校の設置者の「設置する学校に係る文化部活動の方針」に則り，毎年度，「学校の文化部活動に係る活動方針」を策定する。

　文化部顧問は，年間の活動計画（活動日，休養日及び参加予定大会日程等）並びに毎月の活動計画及び活動実績（活動日時・場所，休養日及び大会参加日等）を作成し，校長に提出する。

3 適切な休養日等の設定

ア　文化部活動における休養日及び活動時間については，成長期にある生徒が教育課程内の活動，部活動，学校外の活動，その他の食事，休養及び睡眠等の生活時間のバランスのとれた生活を送ることができるよう，以下を基準とする。

　　○学期中は，週当たり2日以上の休養日を設ける。（平日は少なくとも1日，土曜日及び日曜日（以下「週末」という。）は少なくとも1日以上を休養日とする。週末に大会参加等で活動した場合は，休養日を他の日に振り替える。）

　　○長期休業中の休養日の設定は，学期中に準じた扱いを行う。また，生徒が十分な休養を取ることができるとともに，文化部活動以外にも多様な活動を行うことができるよう，ある程度長期の休養期間（オフシーズン）を設ける。

　　○1日の活動時間は，長くとも平日では2時間程度，学校の休業日（学期中の週末を含む）は3時間程度とし，できるだけ短時間に，合理的でかつ効率的・効果的な活動を行う。

イ　都道府県は，1（1）に掲げる「文化部活動の在り方に関する方針」の策定に当たっては，上記の基準を踏まえて休養日及び活動時間等を設定し，明記する。

ウ　学校の設置者は，1（1）に掲げる「設置する学校に係る文化部活動の方針」の策定に当たっては，上記の基準を踏まえるとともに，都道府県が策定した方針を参考に，休養日及び活動時間等を設定し，明記する。また，下記エに関し，適宜，支援及び指導・是正を行う。

エ　校長は，1（1）に掲げる「学校の文化部活動に係る活動方針」の策定に当たっては，上記の基準を踏まえるとともに，学校の設置者が策定した方針に則り，各文化部の休養日及び活動時間等を設定し，公表する。また，各文化部の活動内容を把握し，適宜，指導・是正を行う等，その運用を徹底する。

オ　なお，休養日及び活動時間等の設定については，地域や学校の実態を踏まえた工夫として，定期試験前後の一定期間等，各部共通，学校全体，市区町村共通の部活動休養日を設けることや，週間，月間，年間単位での活動頻度・時間の目安を定めることも考えられる。

（文化庁「文化部活動の在り方に関する総合的なガイドライン」http://www.bunka.go.jp/seisaku/bunkashingikai/kondankaito/bunkakatsudo_guideline/h30_1227/pdf/r1412126_01.pdf，参照2019-01-11）

## 11.　中学生という発達段階

　　僕は今年24歳になる。担任する中学1年生は12歳で入学してくるのだから，半分の年齢だ。ということは僕が中学1年の頃に生まれたということか。今の中学生は僕が中学生だった頃と同じなのだろうか？社会的な状況は当然異なるし，使いこなしているデジタル機器などもかなり違う。当然考え方も違うだろう。僕も親とはあまり話をしなくなったよなあ。部活動や塾に忙しくて，親と話す時間が少なったことだけが原因ではなかったような気がする。いろいろ言われるの嫌だったし，もっと僕を信頼してほしいと思ったこともあった。思春期と言えばそれまでだが，教師として，一般的に中学生という時期はどのような時期なのかを知っておくことが必要なのかもしれないなあ。


　　[大中先生のアドバイス]　心理学者のエリクソンは，人の一生を8段階に分けて説明をしています。簡単にいえば，それぞれの段階において，成長・健康に向かう力（発達課題）と，衰退・病理などに向かう力（危機）のせめぎ合いの中で人は発達していくという考え方です。「発達課題」と「危機」のバランスが大切であり，成長・健康に向かう力が衰退・病理などに向かう力より強くなるような経験などを積み重ねていくことが大切であるといわれています。

　エリクソンは中学生の年代（青年期）はどのような発達段階であると説明しているのでしょうか？　これを理解するには，その前段階の児童期・学齢期から見ていくとその違いがわかりやすいと思います。児童期・学齢期の発達課題は「勤勉性」であり，危機は「劣等感」であるとされています。勤勉性というのは「まじめさ」ということも含まれてはいますが，社会に対して関心を持ち自発的に関わろうとしたり，何かを試みてそれがまわりから褒められたり認められたりする有能感にもつながっています。しかし，自分の努力なり取り組みがまわりに認められなかったり，そのもの自体が上手くできなかったりする経験が多くなると，自分に自信が持てなくなるなどの感情が強くなり「劣等感」

が上回ってしまいます。この「勤勉性」と「劣等感」のせめぎ合いの中で有能感が育ち，次の段階へと移行していくことにつながっているとしました。

　青年期の発達課題は「同一性」，危機は「同一性の拡散」といわれています。青年期は自分のことについて考えていく段階で，「自分は何がしたいのだろうか？」「自分は何になりたいのだろうか？」といったことについて考えていく時期でもあります。また，「自分は他からどう見られているのだろうか？」などにも気持ちが向き，「自分とは何か？」を考えたり，「自分は自分のままでいいんだ」と自分自身のことを肯定的に捉えるための育みをするために必要な段階と言えます。子どもから大人へと成長していく中で通るべき道です。しかし，これらの「同一性」という発達課題とうまく向き合えないと，「自分は何がしたいのかわからない」「自分が嫌でたまらない」「自分はいったい何者なのだろうか」といった不安定な状態に陥ることとなり，これが「同一性の拡散」と呼ばれる状態です。そのため，青年期はこれらのせめぎ合いの中で，欠点はあるものの，それも自分自身のひとつであり，だからといって否定されるものではないといった自己価値観や自己肯定感を育てていく段階だといえます。

　小学生の時期に失敗しつつもうまくできたり褒められたりする経験を積み重ね，自己有能感を獲得してきた生徒が入学してきたとします。その生徒が自分自身を見つめ直し，たとえできなことや欠点があったとしてもそれで自分自身がすべて否定されることにはならないなど自分のことを肯定的にとらえることができるようになるためのサポートをすることが，教師に求められているといえます。また，目の前の生徒たちの中には児童期・学童期の課題を上手に向き合うことができていないまま中学生になっている子どもがいるかもしれません。さらに，青年期で迎えた「発達課題」と「危機」に押しつぶされそうになっている生徒がいるかもしれません。その生徒の状況に合った対応が教師には求められています。エリクソンの発達段階に考え方が万能とはいえませんが，生徒の心理的課題や成長を見ていく上で参考にはなることと思います。

■参考 URL

「知育ノート」http://www.chiikunote.com/entry/lifecycle，参照2019-01-11）

# 12.　　学年会と教科会

　　学校にはさまざまな会議がある。職員会議や（校務）分掌会議，学年会，教科会……。開催頻度は会議によって毎週開催のものもあれば，月に１回や学期に１回，不定期のものもある。どれも学校のいう組織を運営していく上で重要な会議ではあるが，初任者の僕にとってはなんといっても学年会が最重要に感じる。僕は１年２組の担任で，１年は４組まである。学年に所属している教師は，各学級担任４人と，副担任の教員が２人の合計６人だ。通常はこの６人で１年生全体を取り仕切ることになっていて，全員が集まって行う会議を学年会と呼んでいる。僕の学校では原則月に１回の割合で行っている。学年のリーダー役として学年主任の先生がいる。１年の学年主任は児玉先生で，３組の担任でもある。

　　[大中先生からのアドバイス] 学校の規模にもよりますが，一般に中学校では学年単位で動くことが多いことから，同じ学年に所属する教員間の連携が重要です。そのため「学年会」とよばれる同じ学年の担任や副担任，学年に所属する教員などが集まって，学年の円滑な運営のための会議を定期的に行っています。行事だけでなく，道徳や総合的な学習の時間の内容，学級活動のテーマ，さらには配慮が必要な生徒のことなど，幅広く情報交換や協議が行われます。学級毎に異なる取り組みや対応をしていては保護者の信頼に関わるため，同じ学年に所属する教員が情報を共有するとともに，学年の行事などをスムーズに進行できるよう連絡調整を図っています。

　　資料３（p.14）のスケジュールのあるように，年度の初めの学年会は頻度も多く，さまざまな役割の分担について話し合われることが一般的です。資料23に，ある中学校の年度初めの学年会で決めることの一覧を示しました。

　　「学年会」と同様に重要な会議として「教科会」があります。学校内の同じ教科の先生が集まって行う会議です。学年会同様に定期的に協議や情報交換などを行っています。資料24に年度初めの学年会の会議項目の例を示します。

**資料23　年度初めの学年会の内容（例）**

- 学級担任，副担任の確認
- 学年の目標，指導方針
- 入学式，始業式について
- クラス発表名簿（掲示用）の作成
- 学年分掌の決定
  - ・団体指揮　　　　・学校祭準備委員　　・保健
  - ・職員会議議長　　・朝読書，朝学習　　・特別支援教育
  - ・学年会計　　　　・親睦会
  - ・担任クラス　　　・副担任のクラス
- その他

**資料24　年度初めの教科会の内容（例）**

- 教科主任の決定
- 教科目標，具体的取組，確認事項，教科会費について
- 教科授業担当表（時間割編成についての要望事項等）
- 年間行事計画
- 教育実習生受入について
- 学習指導簿希望数について
- 教科書・指導書必要数について
- その他

## 13. 生徒会活動

僕が中学生だった頃に比べ，今の方が生徒会活動が活発のように感じる。入学式も生徒会が主体となって新入生を迎えるという雰囲気で進められていた。教師が前面に立って指導や指示するより先輩が話をしてくれた方が生徒も耳を傾けやすいように思う。

新入生が生徒会役員になることはないが，学級委員やさまざまな委員会に所属して，先輩の動きや考え方に直接触れていく中で，同じ中学校で学び生活する一員として，母校に対する気持ちを醸成させていくことになるように思う。教師は「指導する」ということが中心だと思っていたが，生徒会活動の担当教員を見ていると，「指導する」側面以上に「生徒たちが主体的考え，動くことができるように支えている」ようにみえる。どうも教師は「俺についてこい」「こうすればいいんだぞ」という感覚ではダメだな。

僕は「1年2組担任で，校務分掌は生徒指導部に所属し，部活動は陸上部の顧問」である。生徒会の生活委員会指導として，各学年から1名ずつの合計3名の教員が担当している。まだまだ覚えなければならない教師の仕事はたくさんありそうだ。

[大中先生からのアドバイス] 生徒会活動は教育課程上では特別活動に分類されるとても重要な教育活動の一つです。学年の違う異年齢の生徒同士で協力し，学校生活が充実したものとなっていくように，色々な課題の解決や各活動の成功に向けて計画を立て，役割を分担し協力して自主的に実践的に取り組むことが生徒会活動です。

具体的には，資料28にあるように，生徒会活動の年間計画を立て，各取り組みの計画・立案，話し合いによる役割分担，そして実施に向けての合意形成を図り実践していきます。また学校行事についても，生徒会の組織を活用し計画の一部を担当したり，運営に積極的かつ主体的に協力したりします。さらに地域や社会の課題を見いだし，具体的な対策を考え，ボランティア活動などを通して実践し，地域や社会に参画できるようにすることも大切です。

*53*

では，生徒の自主的な活動である生徒会活動に教員はどのように関わればいいのでしょうか？　生徒の自主性に任せて生徒を放っておいて何もしないということではありません。また，教員が「こうすべきである」と指示を出したことを生徒が自主的に行動することでもありません。生徒が自分自身の考えをしっかり持ち，今何が一番大切かを考え，自らが決断し実行していくように，教員は，生徒がどうしたいのか，どのように行動するのかという過程を見守り，指導と支援を行っていくのです。生徒が教員の意図を感じることのなく，生徒が主体となって話し合いや活動が進むように教員が仕掛けを行う。目に見えない計画的な教員の働きかけ，すなわち黒子のような立場が教員には必要なのです。


**資料25　中学校学習指導要領の「生徒会活動」**

１　目標

　異年齢の生徒同士で協力し，学校生活の充実と向上を図るための諸問題の解決に向けて，計画を立て役割を分担し，協力して運営することに自主的，実践的に取り組むことを通して，第１の目標に掲げる資質・能力を育成することを目指す。

２　内容

　１の資質・能力を育成するため，学校の全生徒をもって組織する生徒会において，次の各活動を通して，それぞれの活動の意義及び活動を行う上で必要となることについて理解し，主体的に考えて実践できるよう指導する。

(1)　生徒会の組織づくりと生徒会活動の計画や運営

　　生徒が主体的に組織をつくり，役割を分担し，計画を立て，学校生活の課題を見いだし解決するために話し合い，合意形成を図り実践すること。

(2)　学校行事への協力

　　学校行事の特質に応じて，生徒会の組織を活用して，計画の一部を担当したり，運営に主体的に協力したりすること。

(3)　ボランティア活動などの社会参画

　　地域や社会の課題を見いだし，具体的な対策を考え，実践し，地域や社会に参画できるようにすること。

（文部科学省「中学校学習指導要領　第５章　特別活動〔生徒会活動〕」平成29年３月　より抜粋）

13. 生徒会活動

**資料26　教育課程の中での「生徒会活動」**

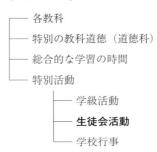

**資料27　中学校における生徒会活動としての委員会（例）**

・評議会
・文化委員会
・生活委員会
・保健委員会
・環境委員会
・図書委員会
・体育委員会

　各委員会を指導する教員が各学年から1名ずつ配置される。
　また，校務分掌の生徒指導部の中に「生徒会本部」担当の教員を配置し，生徒会善意の指導を行う。

**資料28　生徒会行事年間計画例**

| | 本部 | 評議会 | 生活委員会 | 文化委員会 | 保健委員会 | 図書委員会 |
|---|---|---|---|---|---|---|
| 4月 | 新入生歓迎会<br>部活動紹介<br>学級役員選挙 | 学年目標決定 | 掃除用具点検 | | 学級ボールの<br>貸し出し | |
| 5月 | 生徒総会に<br>向けて | 生徒総会に<br>向けて<br>学級旗制作 | 生徒総会に<br>向けて<br>あいさつ運動 | 生徒総会に<br>向けて | 生徒総会に<br>向けて | 生徒総会に<br>向けて<br>図書室整備 |
| 6月 | 生徒総会 | 生徒総会 | 生徒総会<br>あいさつ運動 | 生徒総会 | 生徒総会<br>体育大会 | 生徒総会 |
| 7月 | | | あいさつ運動<br>生活向上運動 | | | 夏休み図書<br>特別貸し出し |
| 8月 | リーダー<br>講習会 | リーダー<br>講習会 | | | | 図書室整備 |
| 9月 | | | あいさつ運動 | 文化祭に<br>向けて | | |
| 10月 | 文化祭 | | あいさつ運動 | 文化祭 | | |
| 11月 | 生徒会本部<br>役員選挙<br>学級役員選挙 | | あいさつ運動 | | | |
| 12月 | | | あいさつ運動 | | | 冬休み図書<br>特別貸出 |
| 1月 | | | あいさつ運動 | 百人一首大会 | | 図書室整備 |
| 2月 | 3年生を<br>送る会の取組 | 3年生を<br>送る会の取組 | あいさつ運動<br>3年生を<br>送る会の取組 | 3年生を<br>送る会の取組 | 球技大会<br>3年生を<br>送る会の取組 | 3年生を<br>送る会の取組 |
| 3月 | 3年生を<br>送る会 | 3年生を<br>送る会 | あいさつ運動<br>掃除用具点検<br>3年生を<br>送る会 | 3年生を<br>送る会 | 3年生を<br>送る会 | 3年生を<br>送る会 |

## 14. 道徳

当然のことであるが，中学校教師は専門とする教科の指導以外にも授業を担当する。実は，ちょっとやっかいだなと思っている授業の一つに「道徳」がある。僕の記憶の中では「道徳」の授業は，どちらかというと，建前のような，反論できないような「きれいごと」をあれこれ先生が話していたように思う。

ところが，僕が中学生の頃と今は大きく変わっているらしい。まず，道徳が教科になっている。教科になったということは教科書があるということになる。僕のときも道徳の教科書のようなものがあったが，どう違うのだろう？また，道徳の授業でテストをすることになるのだろうか？　その評価結果が高校入試に反映されるのだろうか？　いずれにしても学年主任の児玉先生に聞いてみる必要がありそうだ。

[大中先生のアドバイス]　以前の「道徳の時間」は，2015(平成27)年3月の学校教育法施行規則の改正とともに，学習指導要領の一部改正がなされ，「特別の教科道徳（道徳科）」として位置付けられるようになりました。「学校の教育活動全体を通じて行う道徳教育を『特別の教科である道徳』を要として学校の教育活動全体を通じて行う」ものと改めることになったのです（『中学校学習指導要領解説編』p.9）。

道徳の教科化の論議の中で盛んに指摘されてきたことは，これまでの道徳に対する反省をもとに「考え，議論する道徳」へと質的な転換を図ることでした。過去の道徳の授業においてよく行われていた「道徳的な読み物教材」を読んで，登場人物の気持ちを考えるなど国語の授業のような道徳とは異なり，多様な意見の中で，自分だったらどう考えるか？　どうするか？　という視点で論議する道徳への転換を求めています。生徒にとっては，以前の道徳は「先生が求めている『答え』探し」的な発言にならざるを得ない場面があったことに対し，「正解のない問い」を考え合い，多様な考え方を知る中で，よりベターな解決策は何かを論議し合意形成を目指すことが重要とされるようになりまし

*57*

た。

　このような道徳の授業の質的な転換は，当然のことですが，教師の普段から
の意識の高まりが必要とされます。多様な意見を認め合いながら，同じ社会に
生きる仲間としてどのような解決を考えていくか，そのための相互理解とは何
なのかを考えていくことを生徒たちに迫っていく，教師として真正面から生徒
と向き合えるとてもよい時間になると思います。

　教科化された道徳には教科書が作られ，指導書も存在します。数値による評
価は行わず，評価結果を入試等には使用しないことにもなっています。教科化
は始まったばかりです。まだまだ各学校や教師の模索が続くことでしょう。基
本的には道徳の内容については学年で同じテーマを扱うことになります。学年
主任の先生や同学年の先生と協議して計画を立てることになると思います。具
体的な進め方など，積極的に聞いていきましょう。また，研究主任なり教務主
任の先生に聞いたりするのもアイデアが得られることになると思います。さら
に，各地域で教員の研究会が設けられていますから，参加してみるのもいいこ
とだと思います。教師が「師」として生徒に対面する絶好の機会ですね。

**資料29　「特別の教科道徳（道徳科）」の内容項目の一覧**

| キーワード | 中学校（22） | | キーワード |
|---|---|---|---|
| **A　主として自分自身に関すること** | | | |
| 善悪の判断，自律，自由と責任<br><br>正直，誠実 | (1) | 自律の精神を重んじ，自主的に考え，判断し，誠実に実行してその結果に責任をもつこと。 | 自主，自律，自由と責任 |
| 節度，節制 | (2) | 望ましい生活習慣を身に付け，心身の健康の増進を図り，節度を守り節制に心掛け，安全で調和のある生活をすること。 | 節度，節制 |
| 個性の伸長 | (3) | 自己を見つめ，自己の向上を図るとともに，個性を伸ばして充実した生き方を追求すること。 | 向上心，個性の伸長 |
| 希望と勇気，努力と強い意志 | (4) | より高い目標を設定し，その達成を目指し，希望と勇気をもち，困難や失敗を乗り越えて着実にやり遂げること。 | 希望と勇気，克己と強い意志 |
| 真理の探究 | (5) | 真実を大切にし，真理を探究して新しいものを生み出そうと努めること。 | 真理の探究，創造 |

14. 道徳

| キーワード | 中学校 (22) | | キーワード |
|---|---|---|---|
| **B　主として人との関わりに関すること** | | | |
| 親切，思いやり | (6) | 思いやりの心をもって人と接するとともに，家族などの支えや多くの人々の善意により日々の生活や現在の自分があることに感謝し，進んでそれに応え，人間愛の精神を深めること。 | 思いやり，感謝 |
| 感謝 | | | |
| 礼儀 | (7) | 礼儀の意義を理解し，時と場に応じた適切な言動をとること。 | 礼儀 |
| 友情，信頼 | (8) | 友情の尊さを理解して心から信頼できる友達をもち，互いに励まし合い，高め合うとともに，異性についての理解を深め，悩みや葛藤も経験しながら人間関係を深めていくこと。 | 友情，信頼 |
| 相互理解，寛容 | (9) | 自分の考えや意見を相手に伝えるとともに，それぞれの個性や立場を尊重し，いろいろなものの見方や考え方があることを理解し，寛容の心をもって謙虚に他に学び，自らを高めていくこと。 | 相互理解，寛容 |
| **C　主として集団や社会との関わりに関すること** | | | |
| 規則の尊重 | (10) | 法やきまりの意義を理解し，それらを進んで守るとともに，そのよりよい在り方について考え，自他の権利を大切にし，義務を果たして，規律ある安定した社会の実現に努めること。 | 遵法精神，公徳心 |
| 公正，公平，社会正義 | (11) | 正義と公正さを重んじ，誰に対しても公平に接し，差別や偏見のない社会の実現に努めること。 | 公正，公平，社会正義 |
| 勤労，公共の精神 | (12) | 社会参画の意識と社会連帯の自覚を高め，公共の精神をもってよりよい社会の実現に努めること。 | 社会参画，公共の精神 |
| | (13) | 勤労の尊さや意義を理解し，将来の生き方について考えを深め，勤労を通じて社会に貢献すること。 | 勤労 |
| 家族愛，家庭生活の充実 | (14) | 父母，祖父母を敬愛し，家族の一員としての自覚をもって充実した家庭生活を築くこと。 | 家族愛，家庭生活の充実 |
| よりよい学校生活，集団生活の充実 | (15) | 教師や学校の人々を敬愛し，学級や学校の一員としての自覚をもち，協力し合ってよりよい校風をつくるとともに，様々な集団の意義や集団の中での自分の役割と責任を自覚して集団生活の充実に努めること。 | よりよい学校生活，集団生活の充実 |
| 伝統や文化の尊重，国や郷土を愛する態度 | (16) | 郷土の伝統と文化を大切にし，社会に尽くした先人や高齢者に尊敬の念を深め，地域社会の一員としての自覚をもって郷土を愛し，進んで郷土の発展に努めること。 | 郷土の伝統と文化の尊重，郷土を愛する態度 |
| | (17) | 優れた伝統の継承と新しい文化の創造に貢献するとともに，日本人としての自覚をもって国を愛し，国家及び社会の形成者として，その発展に努めること。 | 我が国の伝統と文化の尊重，国を愛する態度 |

| キーワード | 中学校（22） | | キーワード |
|---|---|---|---|
| 国際理解，国際親善 | ⑱ | 世界の中の日本人としての自覚をもち，他国を尊重し，国際的視野に立って，世界の平和と人類の発展に寄与すること。 | 国際理解，国際貢献 |
| **D　主として生命や自然，崇高なものとの関わりに関すること** | | | |
| 生命の尊さ | ⑲ | 生命の尊さについて，その連続性や有限性なども含めて理解し，かけがえのない生命を尊重すること。 | 生命の尊さ |
| 自然愛護 | ⑳ | 自然の崇高さを知り，自然環境を大切にすることの意義を理解し，進んで自然の愛護に努めること。 | 自然愛護 |
| 感動，畏敬の念 | ㉑ | 美しいものや気高いものに感動する心をもち，人間の力を超えたものに対する畏敬の念を深めること。 | 感動，畏敬の念 |
| よりよく生きる喜び | ㉒ | 人間には自らの弱さや醜さを克服する強さや気高く生きようとする心があることを理解し，人間として生きることに喜びを見いだすこと。 | よりよく生きる喜び |

（文部科学省「中学校学習指導要領解説　特別の教科道徳編，平成27年7月」）

## 15.　キャリア教育

企業に就職した大学の同級生は，「資格取得だ！」「キャリアアップだ！」と忙しい。キャリアという言葉は学校には無縁と思っていたけれど，どうも認識が違っていたようだ。僕の勤務する中学校は「キャリア教育」にも力を入れている。中学生に資格試験を受けさせることや，自分の能力を磨くことをさせているのか，と勘違いしそうだが，そうでもないらしい。となると，将来の高校受験を想定した対策講座か……，これも違う。

[大中先生からのアドバイス] 学校教育の中に「キャリア教育」の必要が叫ばれ，さまざまな取り組みがされています。「キャリア教育」は，ビジネスマンの資格取得や能力向上のことを意味するのではなく，受験指導をすることでもありません。文部科学省は「一人一人の社会的・職業的自立に向け，必要となる能力や態度を育てることを通して，キャリア発達を促す教育」（中央教育員議会「今後の学校におけるキャリア教育・職業教育に在り方について（答申）」2011年1月31日）と定義しています。子どもたちは，「将来，社会的・職業的に自立し，社会の中で自分の役割を果たしながら，自分らしい生き方を実現するための力が求められています。この視点に立って日々の教育活動を展開することこそが，キャリア教育の実践の姿」と言われています（http://www.mext.go.jp/a_menu/shotou/career/index.htm）。

将来の社会での生活を意識し，それに向けた学びの機会を計画的に設定していることがわかります。仕事について考えたり，そのための進路について学ぶことも含まれています。多くの中学校では職場体験などと言われる取り組みをしています。学校近隣の商店や工場，福祉施設などで数日間の職業体験をしている学校が多くあります。

自治体によっては仕事体験ができる施設があり，まずそこでの学習をしてから実際の店舗などでの体験実習をするところもあります。

1年生のときからの系統的な指導プログラムを作成している学校がほとんどですから，ぜひ赴任した学校のプログラムを確認してみましょう。

教師の世界しか知らないのでは生徒へのキャリア教育は十分に行えません。日頃から教職以外の職業にも関心を持っておくことが，生徒への指導にも効果を発揮させることにつながるでしょう。


**資料30　「キャリア」「キャリア発達」の定義**
**■キャリアとは**
　人は，他者や社会とのかかわりの中で，職業人，家庭人，地域社会の一員等，さまざまな役割を担いながら生きている。これらの役割は，生涯という時間的な流れの中で変化しつつ積み重なり，つながっていくものである。また，このような役割の中には，所属する集団や組織から与えられたものや日常生活の中で特に意識せず習慣的に行っているものもあるが，人はこれらを含めたさまざまな役割の関係や価値を自ら判断し，取捨選択や創造を重ねながら取り組んでいる。
　人は，このような自分の役割を果たして活動すること，つまり「働くこと」を通して，人や社会にかかわることになり，そのかかわり方の違いが「自分らしい生き方」となっていくものである。
　このように，人が，生涯の中で様々な役割を果たす過程で，自らの役割の価値や自分と役割との関係を見いだしていく連なりや積み重ねが，「キャリア」の意味するところである。
**■キャリア発達とは**
　社会の中で自分の役割を果たしながら，自分らしい生き方を実現していく過程を「キャリア発達」という。
（中央教育審議会「今後の学校におけるキャリア教育・職業教育の在り方について（答申）」平成23年1月31日）

15. キャリア教育

資料31 「キャリア教育の全体計画(全体構想)の書式例」

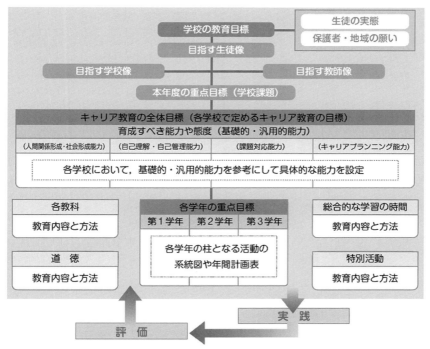

(文部科学省「中学校キャリア教育の手引き」 第2章 中学校におけるキャリア教育推進のために，p.67より。http://www.mext.go.jp/component/a_menu/education/detail/__icsFiles/afieldfile/2011/06/16/1306832_03.pdf，参照2019-01-11)

資料32 「主な学習活動例」

人間関係形成・社会形成能力を高めるために　　例：国語・英語・美術をつなげる

| 国　語 | 英　語 | 美　術 |
|---|---|---|
| ○ 話すこと・聞くこと<br>・スピーチ，文章の発表<br>・グループでのディスカッション | ○ 言語活動〜話すこと〜<br>・それぞれの場面に応じた会話の<br>　仕方<br>・英語のスピーチ | ○ 表　現<br>・自画像，デザイン<br>○ 鑑　賞<br>・互いの作品の合評会 |

自己理解・自己管理能力を高めるために　　例：保健体育・音楽・国語をつなげる

| 保　健　体　育 | 音　楽 | 国　語 |
|---|---|---|
| ○ 球　技〜作戦を生かした攻防〜<br>・ゲームでの役割分担<br>・チーム課題の解決<br>・作戦の実行 | ○ 表　現〜歌唱・器楽〜<br>・合唱（声部の役割）<br>・楽器演奏（リコーダーアンサン<br>　ブルなど） | ○ 読むこと<br>・一つの作品の群読<br>（文章を複数の人数や男女に分け<br>て読む） |

課題対応能力を高めるために　　例：技術・家庭・数学・社会をつなげる

| 技　術　・　家　庭 | 数　学 | 社　会 |
|---|---|---|
| ○ 話すこと・聞くこと<br>○ 材料と加工の技術<br>・製作品の設計，製作<br>・製作図の作成<br>・部品加工，組立て | ○ 言語活動<br>○ 図　形<br>・平面図形，空間図形<br>・合同，相似<br>○ 関数・比例と反比例 | ○ 身近な地域の調査<br>・地図，グラフの見方<br>・主題図の作成<br>・グラフの作成 |

キャリアプランニング能力を高めるために　　例：技術・家庭・社会・理科をつなげる

| 技　術　・　家　庭 | 社　会 | 理　科 |
|---|---|---|
| ○ 消費生活と環境<br>・消費者問題<br>・環境問題<br>○ 生活と自立 | ○ 私たちと経済<br>・消費者主権<br>○ 国際社会の諸課題<br>・公害・地球環境問題 | ○ 自然と人間<br>・食物連鎖・環境保全<br>○ 科学技術と人間<br>・エネルギー |

（文部科学省「中学校キャリア教育の手引き」 第3章 中学校におけるキャリア教育の実践，p.131
より。http://www.mext.go.jp/component/a_menu/education/detail/__icsFiles/afieldfile/2011/06/16
/1306832_13.pdf，参照2019-01-11）

## 16.　不登校

教育センターでの初任者研修会に出席した。主なテーマは「不登校」についてだった。研修会の受け売りだが，不登校とは「何らかの理由で学校に行かない，行くことができない」ことをいう。僕は学校が好きだったし，学校に行けばたとえ授業は退屈なときでも友だちと話すことは楽しかったし，なによりも部活動が最大の楽しみだった。だから，「学校に行かない，行けない」という発想は全くなかったし，クラスの友だちの中にも長期間学校を来れていない人はいなかった。たまにいたのは，病気で入院している友だちくらいだった。

ところが，今は「不登校」の子どもたちが増えているとのことだ。さらに，教師とするべきことは，不登校の生徒を学校に「来させること」が目標ではないことに驚いた。学校には来るべきもの，来て当たり前，来ない人がいれば説得して来るようにさせる……今の教師に必要とされるのはこのような考え方をまず変えることだ，という。ほったらかしにするわけではなくて，不登校の生徒を対象にさまざまな支援体制が作られ，今後もさらに充実していくことになっているらしい。学校に来ることができない，来ない生徒をどのように支援するというのだろう……。もしかしたら，僕が中学生の頃にも不登校の生徒はいたかもしれない。僕が知らなかっただけなのかもしれない。

［大中先生からのアドバイス］文部科学省の資料から不登校の定義について見てみましょう。2016（平成28）12月に成立した「義務教育の段階における普通教育の相当する教育の機会の確保等に関する法律（以下，教育機会確保法とする）」では，不登校児童生徒について，「相当の期間学校を欠席する児童生徒であって，学校における集団の生活に関する心理的な負担その他の事由のために就学が困難である状況として文部科学大臣が定める状況にあると認められるものをいう」（第二条二）と記載されています。具体的には，「何らかの心理的，情緒的，身体的若しくは社会的要因または背景によって，児童生徒が出席しない又はすることができない状況（病気又は経済

的理由による場合を除く）」と省令に書かれています（教育機会確保法第二条第三号の就学が困難である状況を定める省令，文部科学省省令　2017年2月）。また，文部科学省が行っている「問題行動・不登校等調査」においては，不登校児童生徒に該当する児童生徒を「一年度間に連続又は断続して30日以上欠席した児童生徒」としています。

　不登校について考えるとき，大切になるのは，その視点です。2003（平成15）年に出された「不登校への対応の在り方について」（文部科学省初等中等教育局長通知）にも，不登校に対する基本的な考え方として，将来の社会的自立に向けた支援の支援が必要だとされ，「不登校の解決の目標は，児童生徒の将来的な社会的自立に向けて支援すること」です。つまり，不登校の生徒をむりやりにでも学校に来させることが目標ではないのです。教育は「社会的自立に向けて支援する」ことをめざすことであり，そのための機関として一般的には学校という場があります。しかし，学校という場でなければそれは達成できないのでしょうか？　もともと，子どもの成長は学校や家庭，地域など，多様な場や人たちとの関わりによって促されていくものですね。そのように考えれば，さまざまな要因で「学校に行けない，行かない」生徒がいたとき，学校という場，教室という場以外で成長を支えるということもあり得るということが理解できます。核家族化や情報化，社会の変化なとによって，家庭や地域の中で成長する機会が得られにくくなっている近年の状況を考えると，子どもの成長を支える環境を社会が新たに作っていく必要があります。

　不登校の問題が広く認知され，その解決に向けた取り組みの重要性が求められる中で，近年，各地域の教育委員会など行政や NPO などの民間団体が多様な取り組みや「場」の提供を行っています。資料33に京都市における不登校に関する支援体制を示します。他機関が相互に連携し，チームとなって子どもの成長を支えていく体制が状況に合わせて非常に弾力的に運用できるように，また様々な充実発展が進むようになってきています。

　自分が勤める学校を取り巻く地域にはどのようなシステムなり体制が用意されているかを知ることからまずは始めていきましょう。

　参考のために，資料34に，不登校の生徒に対しての教員としての関わりについてのチェック項目を掲げます。参考にしてみてください。

16. 不登校

資料33 京都市の支援体制

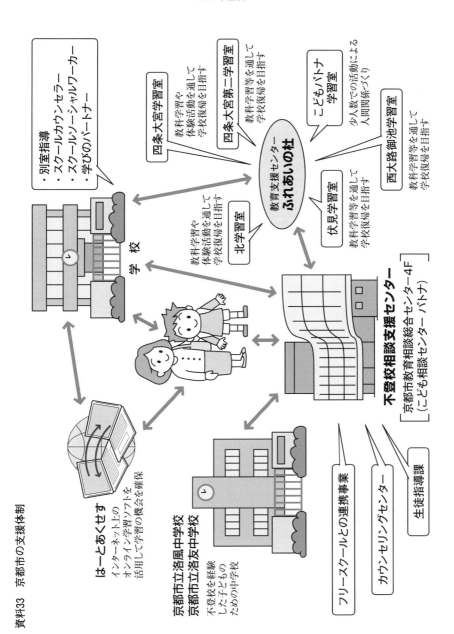

資料34　不登校問題
〈内容〉

　何らかの心理的，情緒的，身体的，あるいは社会的要因やその背景により，児童生徒が登校しない，あるいはしたくともできない状況にあること（ただし，病気や経済的な理由によるものは除く）。（文部科学省　不登校の定義）

〈対応〉

　※以下の項目の□に，対応が終わったら☑をつけて対応状況を確認してください。

【初期対応】

□　初期対応が最も重要であり，一時的に学校が嫌になっただけですぐ復帰するか，結果的に長期的な不登校になるか分かれ道になる。**保護者から欠席連絡があっても，欠席が原則3日以上続いた場合は，家庭訪問して様子を確認する。**

□　不登校の児童生徒と保護者の心に寄り添う姿勢で対応する。

□　**家庭訪問した際は，対応した日時・聴き取った事柄・対応した時に感じたことを記録に残しておく（スクールカウンセラー・スクールソーシャルワーカーの見立て材料になる）。**

【事実確認】

□　欠席の理由が人間関係に起因していると思われる場合は，**複数の教職員**で関係児童生徒から事実確認と原因，背景等について，**別室で一人ずつ丁寧に聴き取る**。
　（いつごろから，どこで，だれによって，なぜ，どのようにして，…）

□　事実を時系列で記録に残し，確認する（事実関係が一致しない場合も考えられる）。

□　背景に，虐待やいじめ，児童生徒間の力関係がないかという視点を持つ。

【子どもへの指導】

□　担任は，不登校の児童生徒が学校をサボっているのではなく，登校の意思はあるが登校できない心情を学級の児童生徒にも周知し，登校時にスムーズに教室に入れる雰囲気づくりに努める。

□　**児童生徒の気持ちにしっかり耳を傾け，変容に細かく注意を払いながら，児童生徒のペースを大切にして長期的な視野に立って対応する。**

□　**不登校状態が長期化した場合，連日の家庭訪問は児童生徒の負担が大きくなる可能性もあるため，保護者・校内の生徒指導委員会で話し合った上で行う。会えない際は，場合によりメッセージを添えて印刷物（学校便り等）をポストに投函する。**

【保護者への連絡・家庭との連携等】

□　不登校に向き合っている保護者の不安・悩みは大変大きいことを理解し，丁寧な対応と様々な関係機関との連携を心がける。

## 16. 不登校

□ 別室登校や放課後登校，保健室登校など，児童生徒が学校に登校できる準備を提案する。

**【校内体制】**

□ 担任は，児童生徒の状況や保護者の心情について，管理職等に報告する。

□ 行事等において，決して児童生徒の名前の漏れ等ないよう留意する。

□ **当該児童生徒がいつ登校してきても大丈夫な状態にしておく。**

（決して机やロッカーが物置状態にならないよう留意し，教室の掲示物の中に，不登校児童生徒の作品も含まれるように努める。）

□ **児童生徒の状況や保護者への関わりなど，常に管理職，学年の教師や生徒指導主任等と情報を共有する。不登校対策委員会で状況を確認する。**

□ 学習面のサポート体制を校内で構築する。

（「学びのパートナー（学生ボランティア）」，カウンセリングセンター，ふれあいの杜（小学校 4 年生以上中学校 3 年生まで），フリースクール等の活用）

□ 児童生徒本人と保護者の心のケアの為，スクールカウンセラーの活用や不登校相談支援センター等を紹介する。ただし，学級への復帰は担任や学年教師の関わりが主体であることを念頭に置く。

□ 引きこもりがちで学校への関わりが困難であるが，学習に対して意欲のある児童生徒に対しては，インターネットを利用した「はーとあくせす」を本人・保護者に紹介することも有効である（原則として，利用は中学生に限る）。

**【関係機関等との連携】**

□ 不登校状態が続き，本籍校での教育活動が難しい場合，その原因によって区域外就学の検討や，不登校相談支援センターを通じて，ふれあいの杜の通級，洛風中・洛友中への転校等も考えられる。その際，生徒指導課も含め関係課等と十分連携を取る。

**【教育委員会への報告】**

□ **いじめが原因となる不登校30日以上の場合については，**いじめ防止対策推進法における「重大事態」になる可能性が高い事案として，**直ちに生徒指導課に連絡し，連携して対応を進める。**

〈留意点〉

□ 児童生徒の不登校の原因は，多様で複雑に絡み合っていることが多い。「**不登校はどの子にも起こりうる**」という視点でとらえて対応する。学校を休みがちな児童生徒に対しては，不登校にならない為に，学校での居場所づくりと保護者との連携が大切である。

□ **ふれあいの杜・はーとあくせす・フリースクール等への出席については，校長が「出席」と認めた場合に，指導要録上出席扱いとすることができる。**

□　成績・評価に関しては，ふれあいの杜・はーとあくせす・フリースクール等での活動や別室，保健室等でのテスト実施等，十分配慮した対応をする。

（京都市教育委員会「生徒指導ハンドブック」p.47-48）

| 17. | 指導要録 |
| --- | --- |

　子どもに関わる学校の重要な書類は通知表だとばかり思っていた。確かに通知表は生徒や保護者に直接手渡す書類として重要なものには違いないが，他にも重要な書類がある。生徒の健康に関する記録や特別の教育的支援が必要な生徒についての「個別の教育支援計画」などの他，「指導要録」がある。僕が生徒のときには眼に触れる書類ではなかっただけに，先輩の先生からしっかりと学ばなければいけないなあ。

　[大中先生からのアドバイス] 指導要録は，児童生徒の学籍並びに指導の過程及び結果の要約を記録し，その後の指導及び外部に対する証明等に役立たせるための原簿です。校長が作成するとともに，学校において備えなければならないものです。児童生徒が進学したり転学したりする際には，進学や転学元の学校は，進学や転学先の学校へ，写しや抄本を送付することとなっています。

　「指導要録」にはどのようなことが記載されているのでしょうか。資料35は文部科学省が示している指導要録の例です。簡単にまとめてみます。

1．指導要録は，在学する児童生徒の学習の記録として作成するものです。
2．「学籍に関する記録」と「指導に関する記録」からなっています。
3．「指導に関する記録」として，次のものがあります。
  ・行動の記録（小中のみ）
  ・教科・科目の学習の記録
    →観点別評価（小中のみ），取得単位数（高校のみ），
     評定（小3以上及び中高）
  ・総合的な学習の時間，特別活動の記録
  ・総合所見及び指導上参考となる諸事項など
4．進学の際には，写しを進学先に送付します。
5．指導要録の保存年限は，指導に関する事項は5年，学籍に関する事項は20年です。

*71*

**資料35　学習指導要領・指導要録・評価規準・通知表について**

| 区分 | 法的な性格と内容 | 作成主体 | 文部科学省の関与 |
|---|---|---|---|
| 学習指導要領 | ・「学校の教科に関する事項は，文部科学大臣が定める」との学校教育法や学校教育法施行規則（省令）の規定を受け，制定されている，学校の教育課程の大綱的な基準（文部科学大臣告示）。各教科等の目標や内容を定める。 | ・文部科学大臣 | ・文部科学大臣が作成。 |
| 指導要録 | ・<u>在学する児童・生徒の学習及び健康の状態を記録した書類の原本</u>。学校に作成・保管義務（学校教育法施行規則，保管は原則5年。学籍に関する記録は20年）。 | ・指導要録の様式を定めるのは<u>設置者の教育委員会</u>（地教行法）。<br>・作成は校長の権限。 | ・文部科学省は学習指導要領の改訂ごとにその趣旨を踏まえた<u>「指導要録の様式の参考案」</u>を提示。<br>・あくまでも「参考案」。ただし，転出入児童・生徒の便宜等の観点から多くの自治体で参考例をもとに様式を作成。 |
| 評価規準 | ・指導要録における評価の規準（ものさし）。<u>法的な根拠はなし</u>。 | ・作成，内容等はすべて校長の<u>裁量</u>。 | ・国立教育政策研究所で各学校における規準作成のための参考資料を作成。 |
| 通知表（通信簿） | ・保護者に対して子どもの<u>学習指導の状況を連絡</u>し，家庭の理解や協力を求める目的で作成。<u>法的な根拠はなし</u>。 | ・作成，様式，内容等はすべて<u>校長の裁量</u>。<br>・自治体によっては校長会等で様式の参考例を作成している場合も。 | ・なし。 |

（文部科学省「学習指導要領・指導要録・評価規準・通知表について」http://www.mext.go.jp/b_menu/shingi/chukyo/chukyo3/004/siryo/attach/1399695.htm，参照2019-01-11）

## 17. 指導要録

## 資料36　中学校生徒指導要録（参考様式）

様式1（学籍に関する記録）

| 学年 区分 | 1 | 2 | 3 |
|---|---|---|---|
| 学　級 | | | |
| 整理番号 | | | |

### 学　籍　の　記　録

| 生徒 | ふりがな 氏　名 | | 性別 | 入学・編入学等 | 平成　年　月　日　第1学年入学<br>　　　　　　　　　　第　学年編入学 |
|---|---|---|---|---|---|
| | 昭和・平成　年　月　日生 | | | | |
| | 現住所 | | | 転　入　学 | 平成　年　月　日　第　学年転入学 |
| 保護者 | ふりがな 氏　名 | | | 転学・退学等 | （平成　年　月　日）<br>平成　年　月　日 |
| | 現住所 | | | 卒　業 | 平成　年　月　日 |
| | 入学前の経歴 | | | 進学先・就職先等 | |

| 学校名 及び 所在地 | | 年度 学 区分　年 | 平成　年度 1 | 平成　年度 2 | 平成　年度 3 |
|---|---|---|---|---|---|
| （分校名・所在地等） | | 校長氏名印 | | | |
| | | 学級担任者 氏　名　印 | | | |

73

様式2（指導に関する記録）

| | | | 区分 学年 | 1 | 2 | 3 |
|---|---|---|---|---|---|---|
| 生徒氏名 | | 学校名 | 学　級 | | | |
| | | | 整理番号 | | | |

## 各 教 科 の 学 習 の 記 録

### 必 修 教 科

#### I 観 点 別 学 習 状 況

| 教科 | 観　点 （学年） | 1 | 2 | 3 |
|---|---|---|---|---|
| 国語 | 国語への関心・意欲・態度 | | | |
| | 話す・聞く能力 | | | |
| | 書く能力 | | | |
| | 読む能力 | | | |
| | 言語についての知識・理解・技能 | | | |
| 社会 | 社会的事象への関心・意欲・態度 | | | |
| | 社会的な思考・判断 | | | |
| | 資料活用の技能・表現 | | | |
| | 社会的事象についての知識・理解 | | | |
| 数学 | 数学への関心・意欲・態度 | | | |
| | 数学的な見方や考え方 | | | |
| | 数学的な表現・処理 | | | |
| | 数量，図形などについての知識・理解 | | | |
| 理科 | 自然事象への関心・意欲・態度 | | | |
| | 科学的な思考 | | | |
| | 観察・実験の技能・表現 | | | |
| | 自然事象についての知識・理解 | | | |
| 音楽 | 音楽への関心・意欲・態度 | | | |
| | 音楽的な感受や表現の工夫 | | | |
| | 表現の技能 | | | |
| | 鑑賞の能力 | | | |
| 美術 | 美術への関心・意欲・態度 | | | |
| | 発想や構想の能力 | | | |
| | 創造的な技能 | | | |
| | 鑑賞の能力 | | | |
| 保健体育 | 運動や健康・安全への関心・意欲・態度 | | | |
| | 運動や健康・安全についての思考・判断 | | | |
| | 運動の技能 | | | |
| | 運動や健康・安全についての知識・理解 | | | |
| 技術・家庭 | 生活や技術への関心・意欲・態度 | | | |
| | 生活を工夫し創造する能力 | | | |
| | 生活の技能 | | | |
| | 生活や技術についての知識・理解 | | | |
| 外国語 | コミュニケーションへの関心・意欲・態度 | | | |
| | 表現の能力 | | | |
| | 理解の能力 | | | |
| | 言語や文化についての知識・理解 | | | |

### 選 択 教 科

#### I 観 点 別 学 習 状 況

| 教科 | 観　点 （学年） | 1 | 2 | 3 |
|---|---|---|---|---|
| | | | | |

### II 評 定

| 教科／学年 | 国語 | 社会 | 数学 | 理科 | 音楽 | 美術 | 保健体育 | 技術・家庭 | 外国語 |
|---|---|---|---|---|---|---|---|---|---|
| 1 | | | | | | | | | |
| 2 | | | | | | | | | |
| 3 | | | | | | | | | |

### II 評 定

| 教科／学年 | | | |
|---|---|---|---|
| 1 | | | |
| 2 | | | |
| 3 | | | |

## 総 合 的 な 学 習 の 時 間 の 記 録

| 学年 | 学 習 活 動 | 評 価（観点） |
|---|---|---|
| 1 | | |
| 2 | | |
| 3 | | |

## 17. 指導要録

| 生徒氏名 | |
|---|---|

| 特 別 活 動 の 記 録 | | | | 項目 | 行 動 の 記 録 | | | | | | | | | |
|---|---|---|---|---|---|---|---|---|---|---|---|---|---|---|
| 内容 / 学年 | 学 級 活 動 | 生徒会 活 動 | 学 校 行 事 | 学年 | 基本的な 生活習慣 | 健康・体 力の向上 | 自主・ 自律 | 責任感 | 創意工夫 | 思いやり ・協力 | 生命尊重 ・自然愛 護 | 勤労・ 奉仕 | 公正・ 公平 | 公共心 ・公徳心 | |
| 1 | | | | 1 | | | | | | | | | | | |
| 2 | | | | 2 | | | | | | | | | | | |
| 3 | | | | 3 | | | | | | | | | | | |

| 総 合 所 見 及 び 指 導 上 参 考 と な る 諸 事 項 | | |
|---|---|---|
| 第 1 学 年 | 第 2 学 年 | 第 3 学 年 |

| 出 欠 の 記 録 | | | | | | | |
|---|---|---|---|---|---|---|---|
| 区分 / 学年 | 授業日数 | 出席停止・ 忌引等の日数 | 出席しなければ ならない日数 | 欠席日数 | 出席日数 | 備 考 | |
| 1 | | | | | | | |
| 2 | | | | | | | |
| 3 | | | | | | | |

(注)「総合所見及び指導上参考となる諸事項」の欄には、以下のような事項などを記録する。
　　①各教科や総合的な学習の時間の学習に関する所見
　　②特別活動に関する事実及び所見
　　③行動に関する所見
　　④進路指導に関する事項
　　⑤生徒の特徴・特技、学校内外における奉仕活動、表彰を受けた行為や活動、知能、学力等について標準化された検査の結果など指導上参考となる
　　　諸事項
　　⑥生徒の成長の状況にかかわる総合的な所見

## 18.　教員評価

　　公務員は「雇用が安定していて，終身雇用。給料は年功序列で毎年昇給がある。」……これは誤った認識だということを恥ずかしながら教師になってから知った。詳しいところまでは理解できていないが，公立学校の教員も民間企業のように人事評価があり，その結果は多少なりとも給与に反映されているシステムになっているらしい。

　　新学期の雰囲気が少し落ち着き始めた４月半ばに，教頭先生から「自己申告書」なる用紙が配布され，年度内の目標などを書いて提出することを求められた。申告書提出後，一人ずつ管理職との面談があるとのことだ。年度の途中には中間報告書を書かなければいけないし，年度末には申告書に書いた自己目標の到達状況をまとめることになっている。その上で，管理職から面談の上，「評価」が伝えられるとのことだ。その結果が，自治体にもよるが，翌年度のボーナスに反映されたりするらしい。教師も競争社会なのかなあ。

　　[大中先生からのアドバイス]　公立学校の教員の育成・評価システムは，現在はすべての自治体で行われています。教員の意欲の向上や学校の活性化など，その目的とするところはいくつかあげられています。より頑張っている人を正当に評価して，さらに意欲を引き出したり，ひいては学校の教員組織に活力を与えることが期待されています。評価にあたっては，教員各自が教育委員会や学校の教育目標に即して年間の目標を立て，その到達度を自己評価するものとともに管理職が独自に日頃の職務の状況を把握評価する方法などを組み合わせて行われています。自己申告書による評価の流れの一例を資料37に示します。教師個人が設ける目標は生徒指導や学級経営，校務分掌など複数の分野です。立てた目標か妥当かどうかについて年度当初に管理職が個別に面談して確認と確定を行います。年度途中に進ちょく状況の報告を紙面で行い，年度末には最終報告書の記入をします。年度当初同様に管理職との面談を行い，達成状況の確認をします。多くの自治体では評価結果を５段階程度で行い，この段階によっては翌年度の期末手当などの給与の増減に反映

## 18. 教員評価

させたり，今後の昇進や場合によっては教員への指導力のための研修会への参加を促すなどがなされます。

　特に初任教師にとっては管理職とじっくり話す機会がとれないこともあるため，面談は貴重な時間になると思います。生徒への指導や教員としてのあり方や目標などについて，個別に相談するきっかけにもなりますね。

資料37　教員評価の年間計画

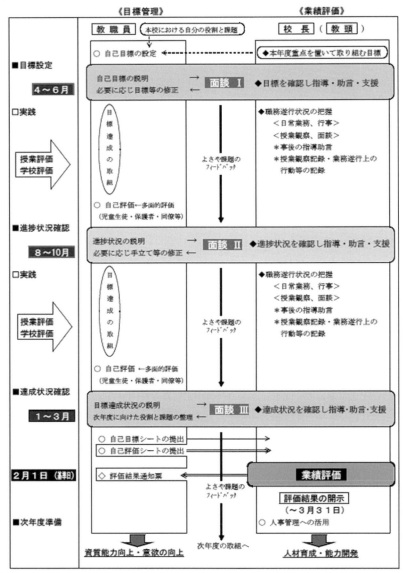

（山口県教育委員会「平成25年度　教員評価の手引き」p.2 より。http://www.pref.yamaguchi.lg.jp/cms/a50200/hyouka/hyouka20/apd1_6_2013020325204336.pdf，参照2019-01-11）

| 19. | ケース会議 |

明日の午後,「ケース会議」がある。発達障がいと診断されている の生徒が本校にもいる。その生徒の支援について関係者が集まって話 し合いをするらしい。担任するクラスの生徒ではないが,顧問をして いる陸上部に入っているため,僕も出席することになっている。学級担任と教 科を担当している教員,部活動顧問の他,養護教諭や特別支援教育コーディ ネーターの教員,市教育委員会からアドバイザーも出席する。

発達障がいの子どもが通常の学級にも多いことは大学の教職課程の授業でも 学んだが,一人の生徒のことについて,これほどまでにも多くの教員が集まっ て話し合うというシステムに驚くばかりだ。しかし,集まって何の話をするの だろうか……。

[**大中先生のアドバイス**] 2012年に文部科学省は,小中学校の通常の 学級に在籍する児童生徒の中で,知的な障がいなどがないけれど,学 修や行動面で著しい困難を抱える者が約6.5%いたという調査結果を 発表しました(資料38)。障がいなどがあることから特別の教育的なニーズが ある子どもは特別支援学校や特別支援学級だけでなく,通常の学級にも多くい るということが,今や教育の大前提にもなっています。障がいのある子どもだ けでなく,日本語の指導が必要な外国籍の子どもや,いわゆる「貧困」家庭の 子ども,さらには虐待や愛着障がいを抱えた子どもなども含めた支援が必要な 子どもの割合は急増しています。

これら支援が必要な子どもの教育はこれまでの教員経験の積み重ねだけでは 対処できず,また,関連する学校外の専門機関も多いことから,その対応につ いての関係者の意思統一が欠かせません。そのために学校では校内委員会を設 けています。これまでの支援の内容や保護者からの情報を学級担任や教科担当 に伝えたり,具体的な支援の方法を検討する場です。教職員の共通理解を図る ための方策や学校全体の支援体制作りなどについての話し合いも行われます。 さらに,関係機関との連携による支援についての検討なども行います。校長,

79

教頭，教務主任，生徒指導主事，学級担任，学年主任，養護教諭，特別支援教育コーディーネーターの他，学校外の専門家が加わることもあります。

さらに，生徒の抱えるさまざまな課題について，「どう理解していくか」「より有効な支援は何か」など，個別に検討する場として，必要に応じて「ケース会議」が設けられることもあります。支援や指導方針の確認や経過報告，個別の教育支援計画や個別の指導計画についての評価，新たな課題への意見調整や専門家からのアドバイスを受ける機会を設けています。生徒の状況の把握や指導上の留意事項や合理的配慮，他機関との連携状況なども話題となるなど，その内容は多岐にわたっています。一人一人，その背景やニーズが異なることから，それらの理解を深めることが不可欠となります。

今，学校は，長年蓄積されてきた一斉指導や集団での指導とともに，個々の状態に配慮した教育の充実に向けたさまざまな取り組みが行われています。また，教員一人が抱え込むのではなく，校内の教職員，さらには心理や特別支援，看護や福祉などに関わる専門職と人たちと密接な連携を行いながら教育活動をしていくという「チーム学校」という概念が取り入れられています。チームプレーでこそ，多様なニーズのある子どもたちへの教育が成り立つという発想が，今，教師には求められています。一人で抱え込んでもよい解決策が見いだされることはないのです。教員も教える専門職として対等な立場で，チームの一員となる心構えが必要です。

19. ケース会議

**資料38** 知的発達に遅れはないものの学習面または行動面で著しい困難を示すとされた児童生徒の割合

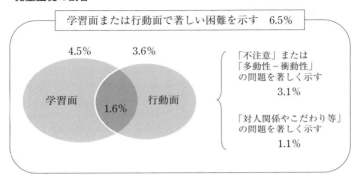

(「通常の学級に在籍する発達障害の可能性のある特別な教育的支援を必要とする児童生徒に関する調査結果について」(平成24年12月,文部科学省) のデータをもとに筆者が作成。http://www.mext.go.jp/a_menu/shotou/tokubetu/material/__icsFiles/afieldfile/2012/12/10/1328729_01.pdf,参照2017-12-01)

**資料39** 校内委員会

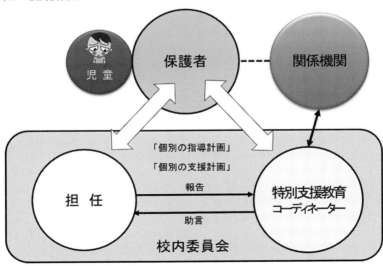

(秋田県総合教育センター「特別支援教育のための校内支援体制ケースブック―校内組織を活用したチームアプローチ」,p.24,2016年より。http://www.akita-c.ed.jp/~ctok/contents/casebook2016.pdf,参照2019-01-11)

資料40　ケース会議

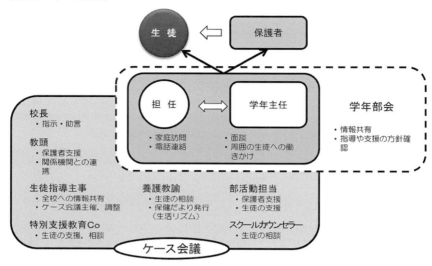

(秋田県総合教育センター「特別支援教育のための校内支援体制ケースブック―校内組織を活用したチームアプローチ」, p.32, 2016年より。http://www.akita-c.ed.jp/~ctok/contents/casebook2016.pdf, 参照2019-01-11)

## 20. いじめ

今の学校教育で，最重要課題の一つに「いじめ」がある。大学の教職課程の授業や新任教員の研修会でも必ず取り上げられている。学級担任となって，出目に関して非常に敏感になってしまうが，まだまだ整理できていない自分がいるのも事実である。生徒指導主事の□□先生に話を聞いてみた。

2013（平成25）年に「いじめ防止対策推進法」ができている。その中の第1章第2条にいじめに関する定義があるから，よく理解するようにと言われた。

「いじめ」とは，児童等に対して，当該児童等が在籍する学校に在籍している等当該児童等と

① 一定の人的関係のある他の児童等が行う
② 心理的又は物理的な影響を与える行為（インターネットを通じて行われる者を含む）であって，当該行為の対象となった児童等が
③ 心身の苦痛を感じているものをいう。

［大中先生からのアドバイス］いじめ対策は未然防止を含めて，学校が計画的・体系的・組織的に対応すべきものです。そして，いじめの内容によっては，積極的に関係機関と連携をとる必要があるという認識が大切です。基本的な対応について，資料41を示します。

教師として忘れてはならない基本的な態度や言動に関しての留意事項があります。「いじめは絶対許さない！」という教師の姿勢が問われているのです。

〈信頼を失う教師の態度や言動〉

○ いじめられる側にも原因があると，被害者を指導する
　→被害者に，「悪いところを直せよ」と指導してしまう
○ いじめを安易にトラブルと捉え，両者に話し合いをさせる
○ 証拠がないから，どうしようもないと諦める
○ 加害者側に立つ
　→「仲良くしなさい」「やり過ぎるなよ」「加害者にも人権があり，謝罪す

る・しないは本人の自由」などと指導する
○全体指導で終わらせる
○中立に立つ
○周りに,「いじめを見たら止めろよ」と指導する

●コラム＝いじめの構造●

　基本的には，右図の「いじめ集団の四層構造」の視点に立って考えるべきです。いじめは加害者と被害者という当事者同士の二者関係だけで成立するのでなく，当事者を取り巻きはやし立てたり面白がったりする「観衆」や，周辺で見て見ぬふりをして暗黙の了解を与えている

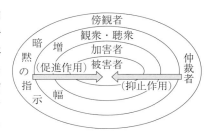

「傍観者」によって成立しています。「観衆」は直接いじめ行為をしていないが，はやし立てることによって加害者のいじめ行為を助長させる存在と言えます。「傍観者」はいじめ行為に対して無関心を装い，自分が被害者になることを怖れ，知らないふりを決め込んでしまいます。このような傍観者が多くなると抑止となる「仲裁者」も出てきにくくなります。もしも「傍観者」が「仲裁者」になれないとしても，いじめ行為に対して冷ややかな態度を取り，保護者や先生に連絡するのではないかという反応をすれば「加害者」への抑止力になります。現実に目を向けると「傍観者」もいじめがあることを苦痛に感じていることも考えられますが，集団の中で多数を占める「傍観者」の中から「仲裁者」を育成することがいじめの指導として重要であり，だからこそ学級等での「傍観者」を含めた多くの児童生徒への働き掛けが大切なのです。「いじめをいじめる子といじめられる子との『個人と個人との関係の問題』と認識するか，『集団全員の問題』として捉えることができるかが重要なのです。

（参考文献：森田洋司『いじめとは何か』中公新書，2012, p.132-134, p.140）

20. いじめ

## 資料41　いじめへの対応
〈内容〉
「京都市いじめの防止等に関する条例」（第２条）（いじめの定義）

　この条例において「いじめ」とは，子どもに対して，当該子どもが在学する学校に在学している等，当該子どもと一定の人的関係にある他の子どもが行う心理的又は物理的な影響を与える行為（インターネットを通じて行われるものを含む。）であって，当該行為の対象となった子どもが心身の苦痛を感じているもの（当該子どもが心身の苦痛を感じていなくても，他の子どもであれば心身の苦痛を感じる蓋然性が高いものを含む）をいう。

【具体的ないじめの態様】
◆冷やかしやからかい，悪口や脅し文句，心ない言葉や嫌なことを言われる。
◆仲間はずれ，集団により無視される。
◆軽くぶつかられたり，遊ぶふりをして叩かれたり，蹴られたりする。
◆ひどくぶつかられたり，叩かれたり，蹴られたりする。
◆金品をたかられる。
◆金品を隠されたり，盗まれたり，壊されたり，捨てられたりする。
◆嫌なことや恥ずかしいこと，危険なことをされたり，させられたりする。
◆パソコンや携帯電話等で誹謗中傷や嫌なことをされる　　等
【暴行罪・傷害罪・強要罪・器物損壊罪・恐喝・窃盗罪・強制わいせつ罪・侮辱罪・名誉棄損罪　　等】

〈対応〉
　※以下の項目の□に，対応が終わったら☑をつけて対応状況を確認してください。

【初期対応・教育委員会への報告】
□　いじめを把握した段階で，速やかに管理職等に報告・連絡する。
□　管理職は，直ちに生徒指導課に報告する。

【事実確認】
□　いじめかどうかの判断は，表面的・形式的に行うことなく，いじめられた児童生徒の立場に立って行い，いじめの態様は非常に多様であり，様々な実態があることに十分留意する。
□　複数の教職員で事実確認と原因，背景等について，別室で一人ずつ丁寧に聴き取る。（いつごろから，どこで，だれによって，なぜ，どのようにして，…）
□　加害児童生徒に対し，いじめを行っている意識の有無を確認する。
□　聴き取った内容は，時系列で事実経過を確認・整備して，記録をまとめておく（事実関係が一致しない場合も考えられる）。

☐ **事実関係を明確にするためにアンケート等を実施し，客観的な事実関係を速やかに調査するのも有効である。また，クラスマネジメントシートの結果を参考にする。**

【校内体制】
☐ 担任任せにせず，学校いじめ対策委員会を開催し，指導方針を共通理解したうえで，迅速に対応を進める。
☐ 被害児童生徒の心情を最優先して，安心・安全な環境を作る。
☐ 登下校，休み時間，掃除時間等，隙間を作らず，被害児童生徒を見守る。

【子どもへの指導】
☐ 被害児童生徒には「絶対守る」「必ず解決する」という学校の姿勢を明確に示し，安心して話せる環境をつくり，スクールカウンセラー，スクールソーシャルワーカーとの連携等，被害児童生徒の心のケアに努める。
☐ 加害児童生徒に対しては，二度と繰り返さないよう，いじめが絶対に許されないことを個別に厳しく指導し，自らの非を深く自覚させ，再発防止に向けた指導を行う。
☐ 加害児童生徒がいじめを行っている意識がない場合には，いじめられている側のつらさを考えさせる中で自らの非を深く自覚させ，再発防止に向けた指導を行う。
☐ 学級・学年・学校全体で，いじめについての指導を行い，他人事でなく自分たちの問題として捉えさせる。
☐ いじめが解決したと思われる場合でも，教職員の気付かないところでいじめが続くこともあるため，継続的に観察し，十分注意を払う。

【保護者への連絡・家庭との連携】
☐ 被害児童生徒の保護者に対し，電話・連絡帳等で済ませず，複数の教職員で家庭訪問を行い，整理した事柄と今後の指導方針等を説明する。
☐ 加害児童生徒の保護者に対し，電話・連絡帳等で済ませず，原則来校するように求め，整理した事柄と今後の指導方針等を説明し，保護者と協力して児童生徒を指導する。

【謝罪の場の設定】
☐ 原則，関係児童生徒，保護者が一堂に集まり，謝罪する場をもつ。
☐ 謝罪については，被害児童生徒とその保護者の意向を十分尊重する。

【関係機関等との連携】
☐ 被害届が提出されている場合は，警察，生徒指導課と十分連携をとる。
☐ 指導が終わり次第，「いじめ指導結果報告書」を速やかに生徒指導課に提出する。

　以下のような場合は，重大事態として対処する。重大事態の可能性がある事案については，直ちに生徒指導課に連絡し，連携して対応を進める。

## 20. いじめ

①生命，心身又は財産に重大な被害が生じた疑いがあるとき。

②相当の期間（30日程度），学校を欠席することを余儀なくされている疑いがあるとき。

③児童生徒や保護者から，いじめられて重大事態に至ったという申し出があったとき。

○学校が調査主体となる場合

　・学校の下に，重大事態の調査組織を設置する。

　・調査組織で，事実関係を明確にするための調査を実施する。

　・いじめを受けた児童生徒及びその保護者に対し，事実関係等その他の必要な情報を
　　適切に提供する。

　・教育委員会に対し，調査結果について報告する。

　・調査結果を踏まえた必要な措置をとる。

　・同種の事態発生の防止に必要な取組を推進する。

○教育委員会（いじめ問題調査委員会）が調査主体の場合

　・教育委員会の指示のもと，資料の提出等，調査に協力をする。

（京都市教育委員会「生徒指導ハンドブック」p.29-30）

# おわりに
## ―ある教員のライフヒストリー―

### 教師としてのライフワーク

　これまで，教員採用試験に合格してからの教員としての学校を中心とした生活について述べてきました。

　私の若いときは，今のように高性能の印刷機やコピー機がなく，プリントの印刷でさえ時間と労力を要しました。しかし今や時代の流れとともに印刷機の性能はもちろんのこと，教員に一人１台のパソコンが配置され，連絡や情報の共有もメール等で行われるようになりました。とても便利になり事務的な仕事の負担も少なくなってきたと言えます。また授業においても一人一人の生徒がPCやタブレットを使うことも珍しくはなくなってきました。今後も学校教育の姿は大きく変化していくことだと思います。

　一方，教員の労働時間についても日々マスコミで取り上げられ，教員の働き方改革等々の話題で教員の長時間労働が問題になっています。

　文部科学省が2016年に行った全国調査で過労死ラインとされる「月80時間」を超えて勤務した教諭は小学校で33.5%，中学校で57.7%であり，教諭の１週間の勤務時間は，その10年前の調査より小学校で約４時間，中学校で約５時間増加しています。小学校では授業とその準備，中学校では部活動の時間がそれぞれ増えたためという結果が出ています。

　教育には「ここまですればお終い」ということはありません。だからこそ際限なく時間と労力をかけがちになり，必然的に勤務時間が長くなっていくのです。だからといって，過労で倒れたりストレス等で心を病んだり，ましてや過労死などということは絶対あってはならないのです。そうならないために政府や教育委員会や校長は働き方に視点を当てた学校改革を真剣に進めていく必要があります。それと同時に，教師自らも自分の健康を守るために，是非ともONとOFFの切り替えも含めメリハリのある時間の管理に努めてほしいと思います。

### 教師としての責任と生きがい

　ある調査で，教師として仕事にやりがいを強く感じているまたは感じている

割合が約7割，どちらともいえないが約2割，感じていないまたは全く感じていない約1割という結果があります。子どもたちが卒業式を迎え「先生，ありがとう」「先生，お世話になりました」「先生に出逢えてよかったです」などの言葉を聞くと，教師冥利に尽きます。子どもたちからエネルギーを貰い，またまた頑張れるわけです。

　教師という職業には「夢とロマン」があります。子どもたちの人生に大きな影響を与えるという素晴らしい職種です。それ故に責任もとても大きく社会からの注目も非常に大きく，公私ともにストレスが大きい職種と言えるかもしれません。

　私は「自分らしく生きる」と「共に生きる」をいつも心に刻み，子どもたちと向き合ってきました。教育は「百年の大計」だと言われるように，すぐに結果は出ないかも知れませんが，目の前の子どもたちが大人になり何十年か後に幸せな社会が実現できているようにと理想を追求した仕事ができます。こんな素晴らしい職種はなかなかないと思います。

　そのためには，「学び続ける教師」と言われるように，研修会に参加する，先輩から学ぶ，読書や色々な体験などを積極に行い教養を身に付けるなど教師としての自分を磨き続けてほしいと思います。「教師である前に人間であれ」すなわち人として成長し続ける教師，子どもに教わり，日々学び続けることを惜しまない教師になってほしいと思います。

　学校とは「さまざまな立場で生活をし，課題を背負わされた子どもたちが集う場所」です。家庭的に恵まれず，落ち着いて学校生活が送りにくい子どももいます。何らかの事情で友だちとコミュニケーションがとりにくい子どももいます。病気等で学校生活のさまざまな場面で支援が必要な子どももいます。決して忘れないでください。

　「十人十色」「みんなちがってみんないい」ということを日々の生活で是非とも子どもたちに伝え続けてほしいと思います。「子どもは教師の鏡」です。子どもたちの日々の言動は，教師の影響を受けたものが多く，教師の言葉，行動の重さと責任の重大さをしっかりと自覚してほしいと思います。

**教師としてのキャリアプランニング**

　皆さんは教員採用試験で面接官に「何故，教員になりたいと思ったのです

か？」と聞かれればどう答えるでしょうか？　おそらく、「子どもが好き」「教えることが好き」「素晴らしい恩師の出会いから教員になりたいと思った」「親が教師でその姿を見て」などと答えることが多いと思います。まさか「校長になりたい」とか「教育委員会の指導主事になりたい」とかは言わないと思います。もちろん採用する側からしても教員として採用して良いかどうか少し抵抗を感じるかと思います。しかしながら、皆さんが10年20年と教員として過ごす中で、中堅教員として学年主任や各分掌の長などの校務の責任者になり学校運営の一翼を担うことも必然的に増えていくかと思います。

　目の前の子どもと過ごすことを最優先して、生涯一担任として教職を終える先生もいます。また、管理職の道を選びあるいは選ばざるを得なくなり学校運営のトップの校長として学校経営に手腕を発揮する先生もいます。さらに教育委員会に入り、行政の立場として政策や対策を立てて実行することや学校の管理職や教員に対して指導と助言、支援をする先生もいます。さらには、いったん管理職になったものの自ら降格を願い出て、再度教諭としての生活を送っている先生もいます。

　私の場合は、民間企業に勤めたあと教員として採用され担任を経験し、その後、生徒指導主任や学年主任、教務主任などを経験しました。各主任の時は担任をせずに生徒との距離感が少し遠くなってしまい寂しい思いをしたことを覚えています。45歳の時、当時の校長から教頭への推薦をするので受験してみないかと言われ、妻と相談しました。色々と考えましたが最終的に首を縦に振りました。教頭試験に合格し教頭そしてその後校長として管理職の道を歩みました。子どもが安心して安全に過ごせるのが当たり前の学校、保護者にとってわが子が楽しく通え、大切にされるのが当然の学校、地域の人々が大切にしてきた地域の拠点としての学校、教職員が健康で充実した日々を送れるのが当然の学校、そんな学校を校長として経営していく。組織のマネジメントが試される訳です。教員とは全く違った仕事（職種）といえるでしょう。

　その後、教育委員会に入り校長先生や教頭先生をはじめとした多くの先生方に指導・助言、そして支援を行いました。再度校長として学校現場に戻りましたが、またまた教育委員会に行政職と入ることとなり、行政マンとしてまったく異なる職種を経験し教育委員会で退職を迎えることとなりました。振り返れ

ば，未来の宝である子どもたちのためになるものと信じて子どもたちの教育に携わることができ，辛いときがなかったと言えば嘘になりますが，それぞれの立場でとても楽しく充実した日々を過ごすことができたと思っています。

　教師として将来を考えるときに，「管理職になるかならないか」は避けられない課題です。あなた自身の生き方に関わる課題であり，ライフスタイルに関わることですので，キャリア設計をしっかりと考えなければいけません。そんな時が遅かれ早かれ必ずやってくることを胸に刻んで，目の前の子どもたちに寄り添い，そして精一杯向き合ってほしいと思います。

　最後に次の言葉を皆さんに送ります。

> 平凡な教師は言って聞かせる
> よい教師は説明する
> 優秀な教師はやってみせる
> しかし最高の教師は
> 子どもの心に火をつける
>
> 　　　　　　　　　　　　（ウィリアム・ウォード）


2019年3月

　　　　　　　　　　　　　　　　　　　　　　　大橋　忠司

# 参考文献

5．学級開き
京都市教育委員会生徒指導課『子どもたちの自己実現に向けて』2013
杉田　洋『特別活動の教育技術』小学館，2013
杉田　洋『よりよい人間関係を築く特別活動』図書文化，2009

7．教育課程
文部科学省『中学校学習指導要領』平成29年3月

8．初任者研修
独立行政法人教職員支援機構『教職員研修の手引き2017―効果的な運営のための知識・
　　技術―』2017

10．部活動
スポーツ庁『運動部活動の在り方に関する総合的なガイドライン』平成30年3月
文化庁『文化部活動の在り方に関する総合的なガイドライン』平成30年12月

13．生徒会活動
文部科学省『中学校学習指導要領　第5章　特別活動』平成29年3月

14．道徳
文部科学省『中学校学習指導要領解説　特別の教科　道徳編』平成27年7月

15．キャリア教育
中央教育審議会「今後の学校におけるキャリア教育・職業教育の在り方について（答
　　申）」平成23年1月31日
文部科学省「中学校キャリア教育の手引き」平成23年5月，http://www.mext.go.jp/a_
　　menu/shotou/career/1306815.htm
文部科学省『中学校学習指導要領解説　総則編』2018

16．不登校
京都市教育委員会『登校支援ハンドブック』2017
国立教育政策研究所『「絆づくり」と「居場所づくり」』Leaf.2，2012
坂本昇一『生徒指導の機能と方法』文教書院，1990

## 17. 指導要録

文部科学省「指導要録（参考様式）」平成22年5月，http://www.mext.go.jp/b_menu/
shingi/chukyo/chukyo3/043/siryo/attach/1286265.htm

## 18. 教員評価

山口県教育委員会「平成25年度版　教職員評価の手引」http://www.pref.yamaguchi.lg.
jp/cms/a50200/hyouka/hyouka20/apd1_6_2013020325204336.pdf

## 19. ケース会議

秋田県総合教育センター「特別支援教育のための校内支援体制ケースブック―校内組織
を活用したチームアプローチ―」平成28年3月，http://www.akita-c.ed.jp/~ctok/co
ntents/casebook2016.pdf

中瀬浩一・井上智義『特別の教育的ニーズのある子どもの理解』樹村房，2018

## 20. いじめ

京都市教育委員会生徒指導課『生徒指導ハンドブック』2015

久保富三夫・砂田信夫編著『教職論』ミネルヴァ書房，2018

森田洋司『いじめとは何か』中公新書，2010

文部科学省『生徒指導提要』教育図書，2010

# 資　料

1　教育基本法（抄）……*96*

2　教育公務員特例法（抄）……*97*

3　学校教育法（抄）……*101*

4　学校教育法施行令（抄）……*103*

5　学校教育法施行規則（抄）……*104*

6　いじめ防止対策推進法（抄）……*107*

7　義務教育の段階における普通教育に相当する教育の機会の確保等に関する
　　法律〔略称：教育機会確保法〕（抄）……*111*

資料

## [資料1]

# 教育基本法（抄）

$\left(\begin{array}{l}昭和 22.\ 3.31\ \ 法律第\ 25\ 号\\ 改正\ \ 平成 18.12.22\ \ 法律第 120\ 号\end{array}\right)$

### 第一章　教育の目的及び理念

（教育の目的）

**第一条**　教育は，人格の完成を目指し，平和で民主的な国家及び社会の形成者として必要な資質を備えた心身ともに健康な国民の育成を期して行われなければならない。

（教育の目標）

**第二条**　教育は，その目的を実現するため，学問の自由を尊重しつつ，次に掲げる目標を達成するよう行われるものとする。

一　幅広い知識と教養を身に付け，真理を求める態度を養い，豊かな情操と道徳心を培うとともに，健やかな身体を養うこと。

二　個人の価値を尊重して，その能力を伸ばし，創造性を培い，自主及び自律の精神を養うとともに，職業及び生活との関連を重視し，勤労を重んずる態度を養うこと。

三　正義と責任，男女の平等，自他の敬愛と協力を重んずるとともに，公共の精神に基づき，主体的に社会の形成に参画し，その発展に寄与する態度を養うこと。

四　生命を尊び，自然を大切にし，環境の保全に寄与する態度を養うこと。

五　伝統と文化を尊重し，それらをはぐくんできた我が国と郷土を愛するとともに，他国を尊重し，国際社会の平和と発展に寄与する態度を養うこと。

### 第二章　教育の実施に関する基本

（教員）

**第九条**　法律に定める学校の教員は，自己の崇高な使命を深く自覚し，絶えず研究と修養に励み，その職責の遂行に努めなければならない。

2　前項の教員については，その使命と職責の重要性にかんがみ，その身分は尊重され，待遇の適正が期せられるとともに，養成と研修の充実が図られなければならない。

［資料2］

# 教育公務員特例法（抄）

$$\left(\begin{array}{ll} 昭和 24.1.12 & 法律第 1 号\\ 改正 \quad 平成 29.5.17 & 法律第 29 号\end{array}\right)$$

**第二章　任免，人事評価，給与，分限及び懲戒**

**第二節　大学以外の公立学校の校長及び教員**

（採用及び昇任の方法）

**第十一条**　公立学校の校長の採用（現に校長の職以外の職に任命されている者を校長の職に任命する場合を含む。）並びに教員の採用（現に教員の職以外の職に任命されている者を教員の職に任命する場合を含む。以下この条において同じ。）及び昇任（採用に該当するものを除く。）は，選考によるものとし，その選考は，大学附置の学校にあつては当該大学の学長が，大学附置の学校以外の公立学校（幼保連携型認定こども園を除く。）にあつてはその校長及び教員の任命権者である教育委員会の教育長が，大学附置の学校以外の公立学校（幼保連携型認定こども園に限る。）にあつてはその校長及び教員の任命権者である地方公共団体の長が行う。

（条件付任用）

**第十二条**　公立の小学校，中学校，義務教育学校，高等学校，中等教育学校，特別支援学校，幼稚園及び幼保連携型認定こども園（以下「小学校等」という。）の教諭，助教諭，保育教諭，助保育教諭及び講師（以下「教諭等」という。）に係る地方公務員法第二十二条に規定する採用については，同条中「六月」とあるのは「一年」として同条の規定を適用する。

2　地方教育行政の組織及び運営に関する法律（昭和三十一年法律第百六十二号）第四十条に定める場合のほか，公立の小学校等の校長又は教員で地方公務員法第二十二条（同法第二十二条の二第七項及び前項の規定において読み替えて適用する場合を含む。）の規定により正式任用になつている者が，引き続き同一都道府県内の公立の小学校等の校長又は教員に任用された場合には，その任用については，同法第二十二条の規定は適用しない。

**第四章　研修**

（研修）

**第二十一条**　教育公務員は，その職責を遂行するために，絶えず研究と修養に努めなければならない。

2　教育公務員の任命権者は，教育公務員（公立の小学校等の校長及び教員（臨時的に任用された者その他の政令で定める者を除く。以下この章において同じ。）を除く。）の研修について，それに要する施設，研修を奨励するための方途その他研修に関する計画を樹立し，その実施に努めなければならない。

（研修の機会）

**第二十二条**　教育公務員には，研修を受ける機会が与えられなければならない。

2　教員は，授業に支障のない限り，本属長の承認を受けて，勤務場所を離れて研修を行うことができる。

3 教育公務員は，任命権者の定めるところにより，現職のままで，長期にわたる研修を受けることができる。

（校長及び教員としての資質の向上に関する指標の策定に関する指針）

**第二十二条の二** 文部科学大臣は，公立の小学校等の校長及び教員の計画的かつ効果的な資質の向上を図るため，次条第一項に規定する指標の策定に関する指針（以下「指針」という。）を定めなければならない。

2 指針においては，次に掲げる事項を定めるものとする。

一 公立の小学校等の校長及び教員の資質の向上に関する基本的な事項

二 次条第一項に規定する指標の内容に関する事項

三 その他公立の小学校等の校長及び教員の資質の向上を図るに際し配慮すべき事項

3 文部科学大臣は，指針を定め，又はこれを変更したときは，遅滞なく，これを公表しなければならない。

（校長及び教員としての資質の向上に関する指標）

**第二十二条の三** 公立の小学校等の校長及び教員の任命権者は，指針を参酌し，その地域の実情に応じ，当該校長及び教員の職責，経験及び適性に応じて向上を図るべき校長及び教員としての資質に関する指標（以下「指標」という。）を定めるものとする。

2 公立の小学校等の校長及び教員の任命権者は，指標を定め，又はこれを変更しようとするときは，あらかじめ第二十二条の五第一項に規定する協議会において協議するものとする。

3 公立の小学校等の校長及び教員の任命権者は，指標を定め，又はこれを変更したときは，遅滞なく，これを公表するよう努めるものとする。

4 独立行政法人教職員支援機構は，指標を策定する者に対して，当該指標の策定に関する専門的な助言を行うものとする。

（教員研修計画）

**第二十二条の四** 公立の小学校等の校長及び教員の任命権者は，指標を踏まえ，当該校長及び教員の研修について，毎年度，体系的かつ効果的に実施するための計画（以下この条において「教員研修計画」という。）を定めるものとする。

2 教員研修計画においては，おおむね次に掲げる事項を定めるものとする。

一 任命権者が実施する第二十三条第一項に規定する初任者研修，第二十四条第一項に規定する中堅教諭等資質向上研修その他の研修（以下この項において「任命権者実施研修」という。）に関する基本的な方針

二 任命権者実施研修の体系に関する事項

三 任命権者実施研修の時期，方法及び施設に関する事項

四 研修を奨励するための方途に関する事項

五 前各号に掲げるもののほか，研修の実施に関し必要な事項として文部科学省令で定める事項

3 公立の小学校等の校長及び教員の任命権者は，教員研修計画を定め，又はこれを変更したときは，遅滞なく，これを公表するよう努めるものとする。

資料2

（協議会）

**第二十二条の五** 公立の小学校等の校長及び教員の任命権者は，指標の策定に関する協議並びに当該指標に基づく当該校長及び教員の資質の向上に関して必要な事項についての協議を行うための協議会（以下「協議会」という。）を組織するものとする。

2 協議会は，次に掲げる者をもつて構成する。

一 指標を策定する任命権者

二 公立の小学校等の校長及び教員の研修に協力する大学その他の当該校長及び教員の資質の向上に関係する大学として文部科学省令で定める者

三 その他当該任命権者が必要と認める者

3 協議会において協議が調つた事項については，協議会の構成員は，その協議の結果を尊重しなければならない。

4 前三項に定めるもののほか，協議会の運営に関し必要な事項は，協議会が定める。

（初任者研修）

**第二十三条** 公立の小学校等の教諭等の任命権者は，当該教諭等（臨時的に任用された者その他の政令で定める者を除く。）に対して，その採用（現に教諭等の職以外の職に任命されている者を教諭等の職に任命する場合を含む。附則第五条第一項において同じ。）の日から一年間の教諭又は保育教諭の職務の遂行に必要な事項に関する実践的な研修（以下「初任者研修」という。）を実施しなければならない。

2 任命権者は，初任者研修を受ける者（次項において「初任者」という。）の所属する学校の副校長，教頭，主幹教諭（養護又は栄養の指導及び管理をつかさどる主幹教

諭を除く。），指導教諭，教諭，主幹保育教諭，指導保育教諭，保育教諭又は講師のうちから，指導教員を命じるものとする。

3 指導教員は，初任者に対して教諭又は保育教諭の職務の遂行に必要な事項について指導及び助言を行うものとする。

（中堅教諭等資質向上研修）

**第二十四条** 公立の小学校等の教諭等（臨時的に任用された者その他の政令で定める者を除く。以下この項において同じ。）の任命権者は，当該教諭等に対して，個々の能力，適性等に応じて，公立の小学校等における教育に関し相当の経験を有し，その教育活動その他の学校運営の円滑かつ効果的な実施において中核的な役割を果たすことが期待される中堅教諭等としての職務を遂行する上で必要とされる資質の向上を図るために必要な事項に関する研修（以下「中堅教諭等資質向上研修」という。）を実施しなければならない。

2 任命権者は，中堅教諭等資質向上研修を実施するに当たり，中堅教諭等資質向上研修を受ける者の能力，適性等について評価を行い，その結果に基づき，当該者ごとに中堅教諭等資質向上研修に関する計画書を作成しなければならない。

（指導改善研修）

**第二十五条** 公立の小学校等の教諭等の任命権者は，児童，生徒又は幼児（以下「児童等」という。）に対する指導が不適切であると認定した教諭等に対して，その能力，適性等に応じて，当該指導の改善を図るために必要な事項に関する研修（以下「指導改善研修」という。）を実施しなければならない。

資料

2 指導改善研修の期間は，一年を超えては
ならない。ただし，特に必要があると認め
るときは，任命権者は，指導改善研修を開
始した日から引き続き二年を超えない範囲
内で，これを延長することができる。

3 任命権者は，指導改善研修を実施するに
当たり，指導改善研修を受ける者の能力，
適性等に応じて，その者ごとに指導改善研
修に関する計画書を作成しなければならな
い。

4 任命権者は，指導改善研修の終了時にお
いて，指導改善研修を受けた者の児童等に
対する指導の改善の程度に関する認定を行
わなければならない。

5 任命権者は，第一項及び前項の認定に当
たつては，教育委員会規則（幼保連携型認
定こども園にあつては，地方公共団体の規
則。次項において同じ。）で定めるところ
により，教育学，医学，心理学その他の児
童等に対する指導に関する専門的知識を有
する者及び当該任命権者の属する都道府県
又は市町村の区域内に居住する保護者（親
権を行う者及び未成年後見人をいう。）で
ある者の意見を聴かなければならない。

6 前項に定めるもののほか，事実の確認の
方法その他第一項及び第四項の認定の手続
に関し必要な事項は，教育委員会規則で定
めるものとする。

7 前各項に規定するもののほか，指導改善
研修の実施に関し必要な事項は，政令で定
める。

（指導改善研修後の措置）

**第二十五条の二** 任命権者は，前条第四項の
認定において指導の改善が不十分でなお児
童等に対する指導を適切に行うことができ
ないと認める教諭等に対して，免職その他
の必要な措置を講ずるものとする。

## ［資料3］

# 学校教育法（抄）

$$\left(\begin{array}{ll}昭和 22.3.31 & 法律第 26 号 \\ 改正 \quad 平成 30.6.1 & 法律第 39 号\end{array}\right)$$

### 第四章　小学校

**第三十七条**　小学校には，校長，教頭，教諭，養護教諭及び事務職員を置かなければならない。

② 小学校には，前項に規定するもののほか，副校長，主幹教諭，指導教諭，栄養教諭その他必要な職員を置くことができる。

③ 第一項の規定にかかわらず，副校長を置くときその他特別の事情のあるときは教頭を，養護をつかさどる主幹教諭を置くときは養護教諭を，特別の事情のあるときは事務職員を，それぞれ置かないことができる。

④ 校長は，校務をつかさどり，所属職員を監督する。

⑤ 副校長は，校長を助け，命を受けて校務をつかさどる。

⑥ 副校長は，校長に事故があるときはその職務を代理し，校長が欠けたときはその職務を行う。この場合において，副校長が二人以上あるときは，あらかじめ校長が定めた順序で，その職務を代理し，又は行う。

⑦ 教頭は，校長（副校長を置く小学校にあつては，校長及び副校長）を助け，校務を整理し，及び必要に応じ児童の教育をつかさどる。

⑧ 教頭は，校長（副校長を置く小学校にあつては，校長及び副校長）に事故があるときは校長の職務を代理し，校長（副校長を置く小学校にあつては，校長及び副校長）

が欠けたときは校長の職務を行う。この場合において，教頭が二人以上あるときは，あらかじめ校長が定めた順序で，校長の職務を代理し，又は行う。

⑨ 主幹教諭は，校長（副校長を置く小学校にあつては，校長及び副校長）及び教頭を助け，命を受けて校務の一部を整理し，並びに児童の教育をつかさどる。

⑩ 指導教諭は，児童の教育をつかさどり，並びに教諭その他の職員に対して，教育指導の改善及び充実のために必要な指導及び助言を行う。

⑪ 教諭は，児童の教育をつかさどる。

⑫ 養護教諭は，児童の養護をつかさどる。

⑬ 栄養教諭は，児童の栄養の指導及び管理をつかさどる。

⑭ 事務職員は，事務をつかさどる。

⑮ 助教諭は，教諭の職務を助ける。

⑯ 講師は，教諭又は助教諭に準ずる職務に従事する。

⑰ 養護助教諭は，養護教諭の職務を助ける。

⑱ 特別の事情のあるときは，第一項の規定にかかわらず，教諭に代えて助教諭又は講師を，養護教諭に代えて養護助教諭を置くことができる。

⑲ 学校の実情に照らし必要があると認めるときは，第九項の規定にかかわらず，校長（副校長を置く小学校にあつては，校長及び副校長）及び教頭を助け，命を受けて校

資料

務の一部を整理し，並びに児童の養護又は栄養の指導及び管理をつかさどる主幹教諭を置くことができる。

## 第五章　中学校

**第四十五条**　中学校は，小学校における教育の基礎の上に，心身の発達に応じて，義務教育として行われる普通教育を施すことを目的とする。

**第四十六条**　中学校における教育は，前条に規定する目的を実現するため，第二十一条各号に掲げる目標を達成するよう行われるものとする。

**第四十七条**　中学校の修業年限は，三年とする。

**第四十八条**　中学校の教育課程に関する事項は，第四十五条及び第四十六条の規定並びに次条において読み替えて準用する第三十条第二項の規定に従い，文部科学大臣が定める。

**第四十九条**　第三十条第二項，第三十一条，第三十四条，第三十五条及び第三十七条から第四十四条までの規定は，中学校に準用する。この場合において，第三十条第二項中「前項」とあるのは「第四十六条」と，第三十一条中「前条第一項」とあるのは「第四十六条」と読み替えるものとする。

資料4

[資料4]

# 学校教育法施行令（抄）

$$\left(\begin{array}{ll}\text{昭和 28.10.31} & \text{政令第 340 号} \\ \text{改正} \quad \text{平成 29. 9.13} & \text{政令第 238 号}\end{array}\right)$$

## 第一章　就学義務

### 第二節　小学校，中学校，義務教育学校及び中等教育学校

（入学期日等の通知，学校の指定）

**第五条**　市町村の教育委員会は，就学予定者（法第十七条第一項又は第二項の規定により，翌学年の初めから小学校，中学校，義務教育学校，中等教育学校又は特別支援学校に就学させるべき者をいう。以下同じ。）のうち，認定特別支援学校就学者（視覚障害者，聴覚障害者，知的障害者，肢体不自由者又は病弱者（身体虚弱者を含む。）で，その障害が，第二十二条の三の表に規定する程度のもの（以下「視覚障害者等」という。）のうち，当該市町村の教育委員会が，その者の障害の状態，その者の教育上必要な支援の内容，地域における教育の体制の整備の状況その他の事情を勘案して，その住所の存する都道府県の設置する特別支援学校に就学させることが適当であると認める者をいう。以下同じ。）以外の者について，その保護者に対し，翌学年の初めから二月前までに，小学校，中学校又は義務教育学校の入学期日を通知しなければならない。

2　市町村の教育委員会は，当該市町村の設置する小学校及び義務教育学校の数の合計数が二以上である場合又は当該市町村の設置する中学校（法第七十一条の規定により高等学校における教育と一貫した教育を施すもの（以下「併設型中学校」という。）を除く。以下この項，次条第七号，第六条の三第一項，第七条及び第八条において同じ。）及び義務教育学校の数の合計数が二以上である場合においては，前項の通知において当該就学予定者の就学すべき小学校，中学校又は義務教育学校を指定しなければならない。

3　前二項の規定は，第九条第一項又は第十七条の届出のあつた就学予定者については，適用しない。

*103*

資料

## ［資料5］

# 学校教育法施行規則（抄）

$\left(\begin{array}{lll}\text{昭和 22.5.23} & \text{文部省令} & \text{第 11 号} \\ \text{改正 平成 30.8.31} & \text{文部科学省令第 28 号}\end{array}\right)$

## 第一章 総則
### 第三節 管理

**第二十四条** 校長は，その学校に在学する児童等の指導要録（学校教育法施行令第三十一条に規定する児童等の学習及び健康の状況を記録した書類の原本をいう。以下同じ。）を作成しなければならない。

② 校長は，児童等が進学した場合においては，その作成に係る当該児童等の指導要録の抄本又は写しを作成し，これを進学先の校長に送付しなければならない。

③ 校長は，児童等が転学した場合においては，その作成に係る当該児童等の指導要録の写しを作成し，その写し（転学してきた児童等については転学により送付を受けた指導要録（就学前の子どもに関する教育，保育等の総合的な提供の推進に関する法律施行令（平成二十六年政令第二百三号）第八条に規定する園児の学習及び健康の状況を記録した書類の原本を含む。）の写しを含む。）及び前項の抄本又は写しを転学先の校長，保育所の長又は認定こども園の長に送付しなければならない。

## 第四章 小学校
### 第五節 学校評価

**第六十六条** 小学校は，当該小学校の教育活動その他の学校運営の状況について，自ら評価を行い，その結果を公表するものとする。

2 前項の評価を行うに当たつては，小学校は，その実情に応じ，適切な項目を設定して行うものとする。

**第六十七条** 小学校は，前条第一項の規定による評価の結果を踏まえた当該小学校の児童の保護者その他の当該小学校の関係者（当該小学校の職員を除く。）による評価を行い，その結果を公表するよう努めるものとする。

**第六十八条** 小学校は，第六十六条第一項の規定による評価の結果及び前条の規定により評価を行つた場合はその結果を，当該小学校の設置者に報告するものとする。

## 第五章 中学校

**第七十九条** 第四十一条から第四十九条まで，第五十条第二項，第五十四条から第六十八条までの規定は，中学校に準用する。この場合において，第四十二条中「五学級」とあるのは「二学級」と，第五十五条から第五十六条の二まで及び第五十六条の四の規定中「第五十条第一項」とあるのは「第七十二条」と，「第五十一条（中学校連携型小学校にあつては第五十二条の三，第七十九条の九第二項に規定する中学校併設型小学校にあつては第七十九条の十二において準用する第七十九条の五第一項）」とあるのは「第七十三条（併設型中学校にあつては第百十七条において準用する第百七条，小学校連携型中学校にあつては第七十四条の三，連携型中学校にあつては第七十六条，第七十九条の九第二項に規

定する小学校併設型中学校にあつては第
七十九条の十二において準用する第七十九
条の五第二項）」と，「第五十二条」とある
のは「第七十四条」と，第五十五条の二中
「第三十条第一項」とあるのは「第四十六
条」と，第五十六条の三中「他の小学校，
義務教育学校の前期課程又は特別支援学校
の小学部」とあるのは「他の中学校，義務
教育学校の後期課程，中等教育学校の前期
課程又は特別支援学校の中学部」と読み替
えるものとする。

## 第五章　中学校

**第七十条**　中学校には，生徒指導主事を置く
ものとする。

2　前項の規定にかかわらず，第四項に規定
する生徒指導主事の担当する校務を整理す
る主幹教諭を置くときその他特別の事情の
あるときは，生徒指導主事を置かないこと
ができる。

3　生徒指導主事は，指導教諭又は教諭をも
つて，これに充てる。

4　生徒指導主事は，校長の監督を受け，生
徒指導に関する事項をつかさどり，当該事
項について連絡調整及び指導，助言に当た
る。

**第七十一条**　中学校には，進路指導主事を置
くものとする。

2　前項の規定にかかわらず，第三項に規定
する進路指導主事の担当する校務を整理す
る主幹教諭を置くときは，進路指導主事を
置かないことができる。

3　進路指導主事は，指導教諭又は教諭をも
つて，これに充てる。校長の監督を受け，
生徒の職業選択の指導その他の進路の指導
に関する事項をつかさどり，当該事項につ
いて連絡調整及び指導，助言に当たる。

**第七十九条**　第四十一条から第四十九条ま
で，第五十条第二項，第五十四条から第
六十八条までの規定は，中学校に準用す
る。この場合において，第四十二条中「五
学級」とあるのは「二学級」と，第五十五
条から第五十六条の二まで及び第五十六条
の四の規定中「第五十条第一項」とあるの
は「第七十二条」と，「第五十一条（中学
校連携型小学校にあつては第五十二条の
三，第七十九条の九第二項に規定する中学
校併設型小学校にあつては第七十九条の
十二において準用する第七十九条の五第一
項）」とあるのは「第七十三条（併設型中
学校にあつては第百十七条において準用す
る第百七条，小学校連携型中学校にあつて
は第七十四条の三，連携型中学校にあつて
は第七十六条，第七十九条の九第二項に規
定する小学校併設型中学校にあつては第
七十九条の十二において準用する第七十九
条の五第二項）」と，「第五十二条」とある
のは「第七十四条」と，第五十五条の二中
「第三十条第一項」とあるのは「第四十六
条」と，第五十六条の三中「他の小学校，
義務教育学校の前期課程又は特別支援学校
の小学部」とあるのは「他の中学校，義務
教育学校の後期課程，中等教育学校の前期
課程又は特別支援学校の中学部」と読み替
えるものとする。

## 第五章　中学校

**第七十二条**　中学校の教育課程は，国語，社
会，数学，理科，音楽，美術，保健体育，
技術・家庭及び外国語の各教科（以下本章
及び第七章中「各教科」という。），道徳，
総合的な学習の時間並びに特別活動によつ

資料

て編成するものとする。

**第七十三条** 中学校（併設型中学校，第七十四条の二第二項に規定する小学校連携型中学校，第七十五条第二項に規定する連携型中学校及び第七十九条の九第二項に規定する小学校併設型中学校を除く。）の各学年における各教科，道徳，総合的な学習の時間及び特別活動のそれぞれの授業時数並びに各学年におけるこれらの総授業時数は，別表第二に定める授業時数を標準とする。

**第七十四条** 中学校の教育課程については，この章に定めるもののほか，教育課程の基準として文部科学大臣が別に公示する中学校学習指導要領によるものとする。

**第七十四条の二** 中学校（併設型中学校，第七十五条第二項に規定する連携型中学校及び第七十九条の九第二項に規定する小学校併設型中学校を除く。）においては，小学校における教育との一貫性に配慮した教育

を施すため，当該中学校の設置者が当該小学校の設置者との協議に基づき定めるところにより，教育課程を編成することができる。

2 　前項の規定により教育課程を編成する中学校（以下「小学校連携型中学校」という。）は，中学校連携型小学校と連携し，その教育課程を実施するものとする。

**第七十四条の三** 小学校連携型中学校の各学年における各教科，道徳，総合的な学習の時間及び特別活動のそれぞれの授業時数並びに各学年におけるこれらの総授業時数は，別表第二の三に定める授業時数を標準とする。

**第七十四条の四** 小学校連携型中学校の教育課程については，この章に定めるもののほか，教育課程の基準の特例として文部科学大臣が別に定めるところによるものとする。

資料6

## ［資料6］
# いじめ防止対策推進法（抄）

$$\left(\begin{array}{l}\text{平成 25.6.28　法律第71号}\\\text{改正　平成 28.5.20　法律第47号}\end{array}\right)$$

## 第一章　総則
（目的）

**第一条**　この法律は，いじめが，いじめを受けた児童等の教育を受ける権利を著しく侵害し，その心身の健全な成長及び人格の形成に重大な影響を与えるのみならず，その生命又は身体に重大な危険を生じさせるおそれがあるものであることに鑑み，児童等の尊厳を保持するため，いじめの防止等（いじめの防止，いじめの早期発見及びいじめへの対処をいう。以下同じ。）のための対策に関し，基本理念を定め，国及び地方公共団体等の責務を明らかにし，並びにいじめの防止等のための対策に関する基本的な方針の策定について定めるとともに，いじめの防止等のための対策の基本となる事項を定めることにより，いじめの防止等のための対策を総合的かつ効果的に推進することを目的とする。

（定義）

**第二条**　この法律において「いじめ」とは，児童等に対して，当該児童等が在籍する学校に在籍している等当該児童等と一定の人的関係にある他の児童等が行う心理的又は物理的な影響を与える行為（インターネットを通じて行われるものを含む。）であって，当該行為の対象となった児童等が心身の苦痛を感じているものをいう。

2　この法律において「学校」とは，学校教育法（昭和二十二年法律第二十六号）第一条に規定する小学校，中学校，義務教育学校，高等学校，中等教育学校及び特別支援学校（幼稚部を除く。）をいう。

3　この法律において「児童等」とは，学校に在籍する児童又は生徒をいう。

4　この法律において「保護者」とは，親権を行う者（親権を行う者のないときは，未成年後見人）をいう。

## 第二章　いじめ防止基本方針等

**第十三条**　学校は，いじめ防止基本方針又は地方いじめ防止基本方針を参酌し，その学校の実情に応じ，当該学校におけるいじめの防止等のための対策に関する基本的な方針を定めるものとする。

## 第五章　重大事態への対処
（学校の設置者又はその設置する学校による対処）

**第二十八条**　学校の設置者又はその設置する学校は，次に掲げる場合には，その事態（以下「重大事態」という。）に対処し，及び当該重大事態と同種の事態の発生の防止に資するため，速やかに，当該学校の設置者又はその設置する学校の下に組織を設け，質問票の使用その他の適切な方法により当該重大事態に係る事実関係を明確にするための調査を行うものとする。

一　いじめにより当該学校に在籍する児童等の生命，心身又は財産に重大な被害が生じた疑いがあると認めるとき。

二　いじめにより当該学校に在籍する児童

*107*

等が相当の期間学校を欠席することを余儀なくされている疑いがあると認めるとき。

2　学校の設置者又はその設置する学校は，前項の規定による調査を行ったときは，当該調査に係るいじめを受けた児童等及びその保護者に対し，当該調査に係る重大事態の事実関係等その他の必要な情報を適切に提供するものとする。

3　第一項の規定により学校が調査を行う場合においては，当該学校の設置者は，同項の規定による調査及び前項の規定による情報の提供について必要な指導及び支援を行うものとする。

（国立大学に附属して設置される学校に係る対処）

**第二十九条**　国立大学法人（国立大学法人法（平成十五年法律第百十二号）第二条第一項に規定する国立大学法人をいう。以下この条において同じ。）が設置する国立大学に附属して設置される学校は，前条第一項各号に掲げる場合には，当該国立大学法人の学長を通じて，重大事態が発生した旨を，文部科学大臣に報告しなければならない。

2　前項の規定による報告を受けた文部科学大臣は，当該報告に係る重大事態への対処又は当該重大事態と同種の事態の発生の防止のため必要があると認めるときは，前条第一項の規定による調査の結果について調査を行うことができる。

3　文部科学大臣は，前項の規定による調査の結果を踏まえ，当該調査に係る国立大学法人又はその設置する国立大学に附属して設置される学校が当該調査に係る重大事態

への対処又は当該重大事態と同種の事態の発生の防止のために必要な措置を講ずることができるよう，国立大学法人法第三十五条において準用する独立行政法人通則法（平成十一年法律第百三号）第六十四条第一項に規定する権限の適切な行使その他の必要な措置を講ずるものとする。

（公立の学校に係る対処）

**第三十条**　地方公共団体が設置する学校は，第二十八条第一項各号に掲げる場合には，当該地方公共団体の教育委員会を通じて，重大事態が発生した旨を，当該地方公共団体の長に報告しなければならない。

2　前項の規定による報告を受けた地方公共団体の長は，当該報告に係る重大事態への対処又は当該重大事態と同種の事態の発生の防止のため必要があると認めるときは，附属機関を設けて調査を行う等の方法により，第二十八条第一項の規定による調査の結果について調査を行うことができる。

3　地方公共団体の長は，前項の規定による調査を行ったときは，その結果を議会に報告しなければならない。

4　第二項の規定は，地方公共団体の長に対し，地方教育行政の組織及び運営に関する法律（昭和三十一年法律第百六十二号）第二十一条に規定する事務を管理し，又は執行する権限を与えるものと解釈してはならない。

5　地方公共団体の長及び教育委員会は，第二項の規定による調査の結果を踏まえ，自らの権限及び責任において，当該調査に係る重大事態への対処又は当該重大事態と同種の事態の発生の防止のために必要な措置を講ずるものとする。

第三十条の二　第二十九条の規定は，公立大学法人（地方独立行政法人法（平成十五年法律第百十八号）第六十八条第一項に規定する公立大学法人をいう。）が設置する公立大学に附属して設置される学校について準用する。この場合において，第二十九条第一項中「文部科学大臣」とあるのは「当該公立大学法人を設立する地方公共団体の長（以下この条において単に「地方公共団体の長」という。）」と，同条第二項及び第三項中「文部科学大臣」とあるのは「地方公共団体の長」と，同項中「国立大学法人法第三十五条において準用する独立行政法人通則法（平成十一年法律第百三号）第六十四条第一項」とあるのは「地方独立行政法人法第百二十一条第一項」と読み替えるものとする。

（私立の学校に係る対処）

第三十一条　学校法人（私立学校法（昭和二十四年法律第二百七十号）第三条に規定する学校法人をいう。以下この条において同じ。）が設置する学校は，第二十八条第一項各号に掲げる場合には，重大事態が発生した旨を，当該学校を所轄する都道府県知事（以下この条において単に「都道府県知事」という。）に報告しなければならない。

2　前項の規定による報告を受けた都道府県知事は，当該報告に係る重大事態への対処又は当該重大事態と同種の事態の発生の防止のため必要があると認めるときは，附属機関を設けて調査を行う等の方法により，第二十八条第一項の規定による調査の結果について調査を行うことができる。

3　都道府県知事は，前項の規定による調査の結果を踏まえ，当該調査に係る学校法人又はその設置する学校が当該調査に係る重大事態への対処又は当該重大事態と同種の事態の発生の防止のために必要な措置を講ずることができるよう，私立学校法第六条に規定する権限の適切な行使その他の必要な措置を講ずるものとする。

4　前二項の規定は，都道府県知事に対し，学校法人が設置する学校に対して行使することができる権限を新たに与えるものと解釈してはならない。

第三十二条　学校設置会社（構造改革特別区域法（平成十四年法律第百八十九号）第十二条第二項に規定する学校設置会社をいう。以下この条において同じ。）が設置する学校は，第二十八条第一項各号に掲げる場合には，当該学校設置会社の代表取締役又は代表執行役を通じて，重大事態が発生した旨を，同法第十二条第一項の規定による認定を受けた地方公共団体の長（以下「認定地方公共団体の長」という。）に報告しなければならない。

2　前項の規定による報告を受けた認定地方公共団体の長は，当該報告に係る重大事態への対処又は当該重大事態と同種の事態の発生の防止のため必要があると認めるときは，附属機関を設けて調査を行う等の方法により，第二十八条第一項の規定による調査の結果について調査を行うことができる。

3　認定地方公共団体の長は，前項の規定による調査の結果を踏まえ，当該調査に係る学校設置会社又はその設置する学校が当該調査に係る重大事態への対処又は当該重大事態と同種の事態の発生の防止のために必

要な措置を講ずることができるよう，構造改革特別区域法第十二条第十項に規定する権限の適切な行使その他の必要な措置を講ずるものとする。

4　前二項の規定は，認定地方公共団体の長に対し，学校設置会社が設置する学校に対して行使することができる権限を新たに与えるものと解釈してはならない。

5　第一項から前項までの規定は，学校設置非営利法人（構造改革特別区域法第十三条第二項に規定する学校設置非営利法人をいう。）が設置する学校について準用する。この場合において，第一項中「学校設置会社の代表取締役又は代表執行役」とあるのは「学校設置非営利法人の代表権を有する理事」と，「第十二条第一項」とあるのは「第十三条第一項」と，第二項中「前項」とあるのは「第五項において準用する前

項」と，第三項中「前項」とあるのは「第五項において準用する前項」と，「学校設置会社」とあるのは「学校設置非営利法人」と，「第十二条第十項」とあるのは「第十三条第三項において準用する同法第十二条第十項」と，前項中「前二項」とあるのは「次項において準用する前二項」と読み替えるものとする。

（文部科学大臣又は都道府県の教育委員会の指導，助言及び援助）

**第三十三条**　地方自治法（昭和二十二年法律第六十七号）第二百四十五条の四第一項の規定によるほか，文部科学大臣は都道府県又は市町村に対し，都道府県の教育委員会は市町村に対し，重大事態への対処に関する都道府県又は市町村の事務の適正な処理を図るため，必要な指導，助言又は援助を行うことができる。

## ［資料7］

# 義務教育の段階における普通教育に相当する
# 教育の機会の確保等に関する法律（抄）

（平成 28.12.14　法律第 105 号）

### 第一章　総則

（目的）

**第一条**　この法律は，教育基本法（平成十八
年法律第百二十号）及び児童の権利に関す
る条約等の教育に関する条約の趣旨にのっ
とり，教育機会の確保等に関する施策に関
し，基本理念を定め，並びに国及び地方公
共団体の責務を明らかにするとともに，基
本指針の策定その他の必要な事項を定める
ことにより，教育機会の確保等に関する施
策を総合的に推進することを目的とする。

（定義）

**第二条**　この法律において，次の各号に掲げ
る用語の意義は，それぞれ当該各号に定め
るところによる。

一　学校　学校教育法（昭和二十二年法律
第二十六号）第一条に規定する小学校，
中学校，義務教育学校，中等教育学校の
前期課程又は特別支援学校の小学部若し
くは中学部をいう。

二　児童生徒　学校教育法第十八条に規定
する学齢児童又は学齢生徒をいう。

三　不登校児童生徒　相当の期間学校を欠
席する児童生徒であって，学校における

集団の生活に関する心理的な負担その他
の事由のために就学が困難である状況と
して文部科学大臣が定める状況にあると
認められるものをいう。

四　教育機会の確保等　不登校児童生徒に
対する教育の機会の確保，夜間その他特
別な時間において授業を行う学校におけ
る就学の機会の提供その他の義務教育の
段階における普通教育に相当する教育の
機会の確保及び当該教育を十分に受けて
いない者に対する支援をいう。

### 第三章　不登校児童生徒等に対する教育機会
### の確保等

**第十三条**　国及び地方公共団体は，不登校児
童生徒が学校以外の場において行う多様で
適切な学習活動の重要性に鑑み，個々の不
登校児童生徒の休養の必要性を踏まえ，当
該不登校児童生徒の状況に応じた学習活動
が行われることとなるよう，当該不登校児
童生徒及びその保護者（学校教育法第十六
条に規定する保護者をいう。）に対する必
要な情報の提供，助言その他の支援を行う
ために必要な措置を講ずるものとする。

# さくいん

## ▶あ行
いじめ防止対策推進法……69, 83
エリクソン……49

## ▶か行
学習指導要領……29, 30, 57, 72
学年会……13, 17, 51, 52
学年主任……13, 18, 58, 80
家庭訪問……29, 38, 68, 86
キャリア教育……61, 62
キャリア発達……61
教育課程……29, 30, 31, 53
教育基本法……35
教育公務員特例法……34, 35
教科会……13, 17, 26, 51, 52
教務主任……18, 58, 80
校内委員会……79, 81
校務分掌……11, 12, 76
個別の教育支援計画……71, 80

個別の指導計画……80

## ▶さ行
指導要録……69, 71, 72
生徒会活動……26, 29, 31, 53, 54
生徒指導……68, 69, 76, 80, 83
総合的な学習の時間……29, 31

## ▶た行
チーム学校……80
特別活動……29, 30, 31, 32, 33, 53
特別支援教育コーディネーター……79

## ▶は行
発達課題……49
発達障がい……79
部活動……11, 26, 29, 44
不登校……65, 68, 69
法定研修……34

## ［執筆者］

### 中瀬浩一（なかせ・こういち）

1986　大阪教育大学教育学部聾学校教員養成課程卒業
2001　大阪教育大学大学院教育学研究科修士課程修了
2015　兵庫教育大学大学院連合学校教育研究科博士課程修了
　　　博士（学校教育学）
1986〜2015.3　愛知県立千種聾学校・大阪市立中学校・大阪市立聾学校・筑波技術大学・
　　　大阪市立聴覚特別支援学校に勤務
2015.4〜現在　同志社大学免許資格課程センター准教授
主著　『視覚・聴覚・言語障害時の医療・療育・教育』（共著，金芳堂，2011），『聴覚障
　　　害教育の歴史と展望』（共著，風間書房，2012），『福祉技術ハンドブック─健康な
　　　暮らしを支えるために─』（共著，朝倉書店，2013），『教育オーディオロジーハン
　　　ドブック』（共編著，ジアース教育新社，2017），『特別の教育的ニーズがある子ど
　　　もの理解─介護等体験でも役立つ知識と技能─』（共著，樹村房，2018），『新しい
　　　教職基礎論』（共著，サンライズ出版，2018）

### 大橋忠司（おおはし・ただし）

1978　大阪市立大学理学部卒業
1979　京都市立中学校採用
　　　（教諭21年，教頭4年，校長5年）
　　　（京都市教育委員会生徒指導課，首席指導主事2年，課長4年）
2015.3　退職
2015.4〜現在　同志社大学免許資格課程センター教授
委員　生徒指導提要（平成22年3月発行，文部科学省）の協力者会議協力者
主著　『新しい教職教育講座教職教育編② 教職論』（共著，ミネルヴァ書房，2018），『新
　　　しい教職基礎論』（共著，サンライズ出版，2018），『とびだそう未来へ　中学道徳
　　　1，2，3』（共著，教育出版，2018）

**中学校教師として生きる** 仕事・心構えとその魅力

2019年 3 月28日　初版第 1 刷発行
2023年 5 月13日　初版第 2 刷

〈検印省略〉

著　　者 © 中　瀬　浩　一
　　　　　 大　橋　忠　司

発 行 者　大　塚　栄　一

発 行 所　株式会社　樹村房
　　　　　　　　　　　JUSONBO

〒112-0002
東京都文京区小石川5-11-7
電　話　　03-3868-7321
ＦＡＸ　　03-6801-5202
振　替　　00190-3-93169
https://www.jusonbo.co.jp/

デザイン・イラスト／BERTH Office　印刷・製本／亜細亜印刷株式会社
ISBN978-4-88367-319-3　乱丁・落丁本は小社にてお取り替えいたします。